Francisco Cantú

NO MAN'S LAND

Leben an der
mexikanischen Grenze

Aus dem Englischen von
Matthias Fienbork

Carl Hanser Verlag

Titel der Originalausgabe:
The line becomes a river: dispatches from the border.
New York, Riverhead Books 2018
Riverhead Books is an imprint of Penguin Random House LLC

1. Auflage 2018

ISBN 978-3-446-26026-9

Some of the material in this book originally appeared,
in different form, in *Edible Baja Arizona, Guernica, Orion, Ploughshares,*
J Journal: New Writing on Justice, and *South Loop Review.*

Umschlag: Anzinger und Rasp, München
Motiv: © Francisco Mata Rosas
Satz im Verlag
Druck und Bindung: Friedrich Pustet, Regensburg
Printed in Germany

FSC
www.fsc.org
MIX
Papier aus verantwortungsvollen Quellen
FSC® C014889

Meiner Mutter und meinem Großvater,
die mir das Leben und einen Namen geschenkt haben,
und all jenen, die unter Lebensgefahr
eine unnatürliche Grenze überqueren oder bewachen

Dieses Buch ist ein Memoir. Es erzählt eine wahre Geschichte und basiert, nach bestem Wissen und Gewissen, auf den Erinnerungen des Autors. Die Namen und Eigenschaften einiger Personen, die in diesem Buch genannt werden, wurden geändert, um deren Privatsphäre zu schützen. In einigen Fällen hat der Autor aus erzählerischen Gründen Nebencharaktere miteinander kombiniert und Ereignisse und Zeiträume neu zusammengesetzt und/oder komprimiert. Die Dialoge wurden so rekonstruiert, dass sie die Erinnerungen des Autors an die jeweiligen Gespräche so authentisch wie möglich wiedergeben.

PROLOG

Meine Mutter und ich fuhren in östlicher Richtung durch das westtexanische Flachland, über uralten Meeresgrund. Wir hatten beschlossen, Thanksgiving in dem Nationalpark zu verbringen, in dem meine Mutter als Ranger gearbeitet hatte, in jenen Jahren, mit denen ich meine frühesten Kindheitserinnerungen verbinde – Bilder von bewaldeten Canyons und senkrecht aufragenden, kahlen Bergen, das Geräusch des Winds, der über flache Wüstenhügel blies, die glühende Sonne über einer endlosen Steppe.

Als wir in der Nähe der Guadalupe-Berge an weitläufigen Salzpfannen vorbeikamen, bat ich meine Mutter, anzuhalten. Sie fuhr rechts heran, wir stiegen aus und gingen über den verkrusteten Boden. Weiter nördlich waren die Guadalupe-Berge zu sehen, Überreste eines urzeitlichen Riffs, das einst von einem riesigen Binnenmeer bedeckt war. Der kühle Novemberwind fühlte sich an, als stünde man in einer leichten Flussströmung. Ich beugte mich hinunter, um ein Stückchen des weiß verkrusteten Erdbodens abzubrechen, zerrieb es zwischen den Fingern und hielt die Zunge daran. Es schmeckt salzig, sagte ich zu meiner Mutter.

Im Besucherbüro des Parks warteten wir, während eine uniformierte Frau hinter dem Tresen zwei Besuchern Informationen über Campinggebühren und Wanderwege gab. Als sich die beiden zum Gehen wandten, schaute die Frau herüber zu uns und strahlte plötzlich über das ganze Gesicht. Sie kam herbeigelaufen, umarmte meine Mutter und trat dann einen Schritt zurück, um mich zu mustern. *Ay mijito*, als wir uns zuletzt gesehen haben, warst du gerade mal so groß. Sie hielt die Hand in Kniehöhe. Seid ihr immer noch in Arizona?, fragte sie. Meine Mutter schon, sagte ich, aber ich bin nach Washington gezogen, um da zu studieren. Nach Washington? *Qué impresionante*. Und was studierst du? Internationale Beziehungen, sagte ich. Er studiert die Grenze, fügte meine Mutter hinzu. Auf dem Rückweg wollen wir in El Paso Station machen und uns Ciudad Juárez ansehen.

Seid vorsichtig, sagte die Frau. Juárez ist gefährlich. Sie schaute mich an und legte mir schließlich die Hand auf die Schulter. Ich erinnere mich noch gut an die Zeit, als du ein kleiner *chamaquito* warst und ich dein Babysitter war. Du wolltest Cowboy werden, das war dein Traum. Du hattest Cowboystiefelchen und einen Cowboyhut, du bist mit meinen Jungs herumgerannt, ihr hattet kleine Plastikpistolen, mit denen ihr euch gejagt habt. Meine Mutter lachte. Daran kann ich mich auch noch gut erinnern, sagte sie.

Am nächsten Morgen standen meine Mutter und ich früh auf, denn wir wollten in dem Canyon wandern, der bis zur bewaldeten Rückseite der Guadalupe-Berge führte. Unterwegs verwandelte sich meine Mutter wieder in einen Guide, sie zeigte auf die zitternden gelben Blätter eines Großzahnahorns und berührte die glatte rote Rinde eines Erdbeerbaums. Auf einem Grashalm entdeckte sie die getrocknete Hülle einer Libellenlarve, die sie vorsichtig in die Hand nahm und von allen Seiten betrachtete. Sie erzählte von dem schimmernden Insekt, wie es seine Haut abstreift, um sich vom Wind davontragen zu lassen. Fast ehrfürchtig sprach sie von der Kreatur, deren Überreste sie wie einen heiligen Gegenstand in Händen hielt. Libellen wandern wie Zugvögel, sagte sie, sie können endlos lange mit ihren hauchdünnen Flügeln schlagen, sie fliegen über weite Ebenen, über Bergketten, über das offene Meer.

Meine Mutter setzte sich auf einen Fels am Bach, zog Schuhe und Socken aus, krempelte die Hose bis zu den Knien hoch und stieg ins Wasser, das so kalt war, dass sie die Schultern hochzog. Sie forderte mich auf, es ihr gleichzutun, doch ich schüttelte den Kopf, ich wollte lieber im Halbschatten sitzen. Meine Mutter stieg über Felsen und abgebrochene Äste, zeigte auf eine Wurzel, über die das Wasser hinwegfloss, auf ein Fleckchen grünes Gras, das von der Sonne beschienen wurde. Sie beugte sich hinunter, hielt die Hände ins Wasser und rieb sich das Gesicht. Während ich Ahornblätter vom Boden auflas, holte sie ein paar Kalksteine aus dem Bach. Komm, rief sie mir zu, berühr das Wasser.

Abends saßen wir in einer Forschungsstation und aßen vorgekochte Truthahnbrust mit Instant-Füllung. Ich fragte meine Mutter, warum sie seinerzeit zu den Park Rangers gegangen war. Sie stocherte mit der Gabel in einem Stück Füllung. Ich habe mich dafür entschieden, sagte sie, weil ich im Freien sein wollte, weil mir die Natur guttat. Ich hatte die Hoffnung, dass ich als Park Ranger den Leuten ein Gespür für die Natur vermitteln, ihr Umweltbewusstsein schärfen könnte. Sie schaute von ihrem Teller hoch. Ich wollte das Land vor Zerstörung bewahren, sagte sie, ich wollte die Orte schützen, die mir so viel bedeuten. Und wie siehst du das heute, fragte ich, im Rückblick? Meine Mutter legte die Gabel hin und strich mit dem Finger über die Tischkante. Weiß ich noch nicht, sagte sie.

Am nächsten Tag fuhren wir in Richtung Westen, erreichten abends El Paso. Ich sah die Lichter, die sich weit über das Wüstental erstreckten, und versuchte zu erkennen, wo die Vereinigten Staaten aufhörten und Mexiko anfing. Der Rezeptionist in unserem Motel machte Smalltalk mit meiner Mutter. Was führt Sie nach El Paso?, fragte er. Mein Sohn beschäftigt sich in seinem Studium mit der Grenze, sagte meine Mutter und lächelte. Mit der Grenze? Der Mann schaute uns über den Brillenrand hinweg an. Ich werde Ihnen mal was über die Grenze erzählen. Er zeigte durch die Glastür auf eine grüne Anhöhe hinter dem Parkplatz. Sehen Sie, dort? Früher habe ich beobachtet, wie sich nachts das Gras bewegte. Bald habe ich verstanden, dass es nicht der Wind war, der das Gras bewegte, sondern Illegale, die über die Grenze gekommen waren. Aber das Gras bewegt sich kaum noch, wenn Sie wissen, was ich meine. Heutzutage sieht man keine Illegalen mehr auf unseren Grundstücken herumschleichen. Meine Mutter und ich nickten unsicher, aber der Mann lachte nur und gab uns die Zimmerschlüssel.

Am nächsten Morgen stellten wir den Wagen an der Santa-Fé-Street-Brücke ab und gingen in Richtung Grenze. Wir folgten einem dichten Strom von Grenzgängern auf einem käfigartigen Fußgängerweg über die betonierten Ufer des Rinnsals namens Rio Grande, der El Paso von Ciudad Juárez trennt. Kurz vor dem anderen Ende der Brücke bemerkte ich einen Mann mit geröteten Augen, der sich von seiner Frau und seinem Sohn verabschiedete. Der Junge stand weinend an einem quietschenden Drehkreuz, während seine Eltern sich lange umarmten. Auf der anderen Seite wurden meine Mutter und ich von einem schwarz uniformierten mexikanischen Zöllner durchgewunken. Wollen die unsere Pässe gar nicht sehen?, fragte meine Mutter. Ich zuckte mit den Schultern. Offenbar nicht.

Wir verließen das Abfertigungsgebäude und gingen die Avenida Benito Juárez hinunter, vorbei an Pulks von Taxifahrern und Imbissverkäufern, vorbei an dröhnenden Lautsprechern und bunt bemalten Hauseingängen, vorbei an Schnapsläden und Pfandleihen, Zahnarztpraxen und Billigapotheken, an *taquerías* und Wechselstuben, an Werbung für *seguros, ropa, botas*. Bald fragte meine Mutter, ob wir uns irgendwo hinsetzen könnten. Wir überquerten die Straße in Richtung Plaza Misión de Guadalupe, wo sie sofort auf eine Bank sank. Ich muss ein wenig verschnaufen, sagte sie, mein Herz rast. Alles in Ordnung mit dir?, fragte ich. Sie holte tief Luft, sah sich um und legte eine Hand auf die Brust. Alles in Ordnung, es ist nur ein bisschen viel für mich. Pass auf, ich besorg etwas Wasser. Ich zeigte auf einen kleinen Supermarkt an der Ecke. Bin gleich wieder da.

An der Ladenkasse diskutierten zwei Frauen über Politik. Ich bin froh, dass Calderón gewählt wurde, sagte die eine. Wir brauchen einen Präsidenten, der die Kriminalität bekämpft, jemanden, der gegen die *delincuentes* vorgeht und auf den Straßen für Ordnung sorgt. Die andere Frau, die gerade eine Stange Zigaretten und eine Schachtel *pan dulce* bezahlte, schüttelte heftig den Kopf. *No entiendes,* sagte sie. Das Problem hat doch nichts mit der Straße zu tun.

Meine Mutter trank gierig aus der Wasserflasche und stieß einen tiefen Seufzer aus, während ich den Stadtplan studierte, den wir im Hotel eingesteckt hatten. Wir sind in der Nähe des Mercado Juárez, sagte ich, wir können uns da hinsetzen und etwas essen, und du kannst ein wenig ausruhen. Meine Mutter nickte, sah sich um und erhob sich schließlich. Langsam gingen wir weiter, vorbei am Historischen Museum, einem alten Backsteinbau, und bogen in die Calle 16 de Septiembre ein. An der nächsten Kreuzung warteten wir, bis die Ampel auf Grün sprang, und gingen dann los. Mitten auf der stark befahrenen Straße schrie meine Mutter auf und fiel hin. Ich war sofort bei ihr und legte ihr den Arm um die Schulter. Alles okay?, fragte ich. Sie zeigte auf ihren Fuß, mit dem sie in einem Schlagloch hängen geblieben war. Du musst aufstehen, sagte ich, wir müssen runter von der Straße. An der Fußgängerampel blinkte schon eine rote Hand. Ich versuchte, meine Mutter hochzuziehen, aber sie stöhnte nur. Mein Fußgelenk, sagte sie, ich kann es nicht bewegen.

Ich streckte den Autos, die inzwischen Grün hatten, die Hände entgegen. Vom Mercado kam ein Mann herbeigelaufen. Eine Frau stieg aus ihrem Wagen und kniete an der Seite meiner Mutter. *Tranquila*, flüsterte sie, *tranquila*.

Ein Mann mit Cowboyhut kletterte aus seinem Lastwagen und signalisierte den Autos hinter ihm, nicht loszufahren. Der Mann, der vom Mercado herbeigelaufen war, legte mir eine Hand auf den Rücken. *Te ayudo*, sagte er, *qué pasó?* Ich zeigte mit zitternden Händen auf meine Mutter. *No puede caminar*. Der Mann gab mir ein Zeichen, dass wir sie hochheben sollten. Wir beugten uns hinunter und legten uns jeweils einen Arm um die Schulter. Die Frau tippte sie an – *vas a estar bien*, sagte sie und ging wieder zu ihrem Auto. Wir hoben meine Mutter hoch, sodass sie mit unserer Hilfe in Richtung Bürgersteig humpeln konnte, und setzten sie an einer Betonmauer ab. Der Verkehr tobte schon wieder.

Ich kniete mich zu ihr hin und sah, dass ihre Hände bei dem Sturz schmutzig geworden waren. Sollen wir einen Krankenwagen rufen?, fragte ich. Sie öffnete die Augen und versuchte, langsamer zu atmen. Nein, nein, sagte sie, lass mich noch einen Moment ausruhen. Ich reichte dem Mann meine Hand und wusste nichts anderes zu sagen als *Gracias*. Der Mann schüttelte den Kopf. Keine Ursache. In Juárez kümmern wir uns umeinander. Er klopfte mir auf die Schulter. Setz dich zu deiner Mutter, sagte er per Zeichensprache. Wenn sie wieder okay ist, könnt ihr an meinem Stand im Mercado vorbeischauen. Ich bin dort mit meiner Mutter, wir werden *quesadillas* für euch machen. *Aquí están en su casa*, sagte er und entfernte sich.

I

Ich träume, ich bin in einer dunklen Höhle, der Boden ist übersät mit abgetrennten Armen und Beinen. Ich berühre sie, nehme sie in die Hand, fühle Schmutz und Blut und kalte Haut. Ich suche nach einem Kopf, nach einem Gesicht, nach irgendetwas, was eine Identifizierung der Menschen ermöglichen würde, deren Gliedmaßen hier herumliegen. Ich verlasse die Höhle mit leeren Händen, trete hinaus in eine farblose Landschaft, die Luft scheint stillzustehen. Draußen sagt mir eine Stimme, ich soll einen Wolf in einer nahe gelegenen Höhle aufsuchen. Als ich dort eintreffe, ist kaum noch Licht am Himmel. Ich komme zu einer Felsöffnung, muss die Augen zusammenkneifen, um im Dunkeln etwas zu sehen. Am hinteren Ende der Höhle kann ich vage ein Tier erkennen, das dort im Kreis herumläuft. Bald wird mir klar, dass es ein Wolf ist, der langsam auf mich zukommt, lautlos eine Pfote vor die andere setzt. Ich bin ganz starr vor Angst. Ich schaue mich um und sehe hinter mir meine Mutter, die mir durch Zeichen zu verstehen gibt, dass ich dem Wolf meine Hand hinhalten soll. Ich schaue wieder nach vorn und strecke den Arm aus, hole tief Luft und öffne die Hand. Langsam kommt der Wolf näher und schnüffelt mit seiner Riesenschnauze an meiner Hand. Er sieht furchterregend, aber auch klug aus. Er weicht etwas zurück, um mich anzusehen, und in dem Moment habe ich das

Gefühl, dass mir etwas mitgeteilt wird. Der Wolf kommt wieder näher, stellt sich auf die Hinterbeine und legt mir die Pfoten auf die Brust. Es sind ungewöhnlich große Pfoten, die sich an meiner Brust sehr schwer anfühlen. Der Wolf ist mir nun ganz nahe, sein Gesicht dicht an meinem, als wollte er mir ein Geheimnis verraten. Ich schließe die Augen und spüre seinen heißen Atem an meinem Gesicht, seine nasse, leckende Zunge in meiner Mundhöhle. In dem Moment wache ich auf.

Wir waren unterwegs in die Stadt, rasten durch die kalte, unwirtliche Steppe von New Mexico, als ich von Santiago hörte. Morales muss es mir erzählt haben oder vielleicht auch Hart. Ich rief ihn sofort an. Warum willst du aufhören?, fragte ich, du schaffst die Abschlussprüfung ganz bestimmt. Ich kann nicht, sagte er, dieser Job ist nichts für mich. Es ist besser, nach Puerto Rico zurückzukehren, bei meiner Familie zu sein. Ich erklärte, dass ich seine Entscheidung bedauerte, und wünschte ihm alles Gute. Er bedankte sich und meinte noch, ich solle die Ausbildung für uns beide abschließen. Das versprach ich ihm.

Von all meinen Kollegen war es Santiago, dem ich am meisten Erfolg gewünscht hätte. Er konnte nicht im Gleichschritt marschieren, er achtete nicht auf den korrekten Sitz seiner Uniform, mit seiner Waffe konnte er nicht umgehen, und für die anderthalb Meilen brauchte er deutlich mehr als fünfzehn Minuten. Aber er hatte sich stärker angestrengt als irgendein anderer von uns. Er schwitzte am meisten, brüllte am lautesten. Er war achtunddreißig Jahre alt, Buchhalter aus Puerto Rico, verheiratet und gerade erst Vater geworden. Am Tag zuvor hatte er den Schießstand mit der Tasche voll scharfer Munition verlassen, woraufhin er vor versammelter Mannschaft »I'm a Little Teapot« singen musste. Da er den Song nicht kannte, wurde ihm »God Bless America« vorgeschlagen. Er sang aus voller Kehle, nach jeder Zeile holte er keuchend Luft, in der ein übler Güllegestank von den umliegenden Milchfarmen lag. Wir alle lachten über seinen starken Akzent, über den Text, den er nicht richtig hinbekam, über seine quäkende Stimme und den falschen Gesang.

In der Stadt, beim Bier, erzählte Hart vom Winter in Detroit. Ich kann nicht zurück wie Santiago, sagte er. Scheiße, verdammte. Er starrte in sein Glas. Wisst ihr, was ich vorher gemacht habe?, fragte er. Morales und ich schüttelten den Kopf. Ich war Angestellter einer Autovermietung in diesem gottverdammten Flughafen. Wisst ihr, wie oft ich Leuten die Wagenschlüssel ausgehändigt habe, die mich keines Blickes gewürdigt haben? Typen, die meine tätowierten Arme anstarrten, als wäre ich ein Gangster, ein armseliger Schwarzer, der außerhalb des Ghettos einen Teilzeitjob gefunden hat. Hart packte sein Bierglas. Aber vor allem habe ich den Detroiter Winter satt.

Er schaute hoch. Wie ist denn der Winter in Arizona so?, fragte er. Morales lachte. Dort, wo wir eingesetzt werden, *vato*, gibt's keinen Schnee, verlass dich darauf. Hart fand das gut. Aber warte nur den Sommer ab, sagte ich. Hast du schon mal sechsundvierzig Grad erlebt? Nee, sagte Hart. Tja, sagte ich, wir werden in der Hitze unterwegs sein, wenn wir die Toten in der Wüste einsammeln. Welcher Idiot spaziert denn bei sechsundvierzig Grad durch die Wüste?, fragte er. Ich leerte mein zweites Glas Bier und erzählte von den Migranten, die nach San Diego und El Paso kamen, bis der Grenzschutz in den Neunzigern alles dichtmachte, mit Zäunen und neu rekrutierten Leuten wie uns. Die Politiker dachten, wenn sie die Grenze dichtmachen, würde niemand mehr riskieren, in den Bergen und in der Wüste rüberzukommen. Aber das war ein Irrtum, und nun müssen wir uns um die Situation kümmern. Hart hörte nur noch halb zu. Er versuchte, die Bedienung auf sich aufmerksam zu machen, um noch ein Bier zu bestellen. Morales starrte auf den Tisch und sah mich dann an, mit dunklen, tief liegenden Augen. Sorry, sagte ich, wollte euch nicht belehren. Ich habe dieses Zeug an der Uni studiert.

Auf der Rückfahrt zur Akademie saß ich hinten in Morales'

Pick-up. Morales erzählte Hart, der vorn neben ihm saß, von seiner Kindheit an der Grenze in Douglas, von seinen Onkeln und Cousinen auf der mexikanischen Seite. Hart fragte, was es bei ihnen zum Essen gegeben habe, woraufhin Morales von Ziegeneintopf und scharfer Suppe zum Frühstück erzählte, von den Ständen in Agua Prieta, wo man die ganze Nacht *tacos de tripa* bekam. Er erzählte von den Tortillas, die seine Mutter zubereitete, von den Tamales, die seine Großmutter zu Weihnachten machte, und ich lauschte seiner Stimme, den Kopf an der kalten Fensterscheibe, starrte hinaus auf die dunkle Ebene und döste immer wieder kurz ein.

Robles beorderte uns in den Raum mit den Fahrradtrainern. Jeder von uns setzte sich auf ein Gerät. Robles, ganz vorn, stieg auf eine Maschine, die in unsere Richtung zeigte, und gab das Kommando zum Anfangen. Die Beine immer in Bewegung halten, rief er. Wenn ich sage ›Stehen‹, hebt ihr euren Arsch so lange, bis ich sage, dass ihr euch wieder setzen könnt. Er nickte einem korpulenten Mann namens Hanson in der ersten Reihe zu. Ist das klar, Mr. Hanson? Jawohl, brüllte Hanson, schon jetzt außer Atem.

Robles trieb uns an. Sitzen, brüllte er, die Beine bewegen, stehen. Strengt euch an. Der Körper ist euer Werkzeug, rief er, das wichtigste, das ihr habt. Ein Schlagstock ist nichts, ein Taser ist nichts, selbst eure Pistole ist nichts, wenn ihr schlappmacht, wenn eure Muskeln nicht mehr mitmachen und ihr aufgebt. Der Grenzschutz ist kein Sonntagsspaziergang, das versprech ich euch. Ich selbst habe ein Leben genommen und ein Leben gerettet. Bei meinem ersten Einsatz, den ihr ja auch irgendwann erleben werdet, haben wir in den Gemüsefeldern bei Yuma eine Gruppe von Salvadorianern entdeckt. Ein Mann lief davon, ich verfolgte ihn, bis ich dachte, meine Beine knicken um. Ich stolperte über aufgeschüttete Erdwälle, die in langen Reihen mit Salat bepflanzt waren, aber ich verfolgte ihn immer weiter, bis wir zu einem Kanal kamen und der Mann sich umdrehte. Er griff mich an, bevor ich reagieren konnte, wir gingen zu Boden und kämpften. Wenn ich aufgegeben hätte, hätte er mich vielleicht getötet. Aber ich habe nicht aufgegeben, sondern mit ihm gerungen, bis ich ihn schließlich über den Rand des Kanals ins Wasser stieß. Der Mann konnte nicht schwimmen, keiner von diesen Leuten kann schwimmen. Eine Stunde später fischten wir an einer Bojenlinie die Leiche aus dem Wasser.

Robles schien seine Umgebung nicht mehr wahrzunehmen, sein Blick war wie nach innen gekehrt. Ein Jahr später, fuhr er fort, verfolgte ich wieder einen Mann, diesmal bis zum Ufer des Colorado. Er rannte ins Wasser und wurde im nächsten Moment von der Strömung fortgerissen. Und wisst ihr was, ich bin ihm hinterhergeschwommen und habe versucht, ihn über Wasser zu halten, obwohl ich literweise Wasser schlucken musste. Ich kann mich nicht erinnern, jemals so erschöpft gewesen zu sein. Diesem Mann habe ich das Leben gerettet, und trotzdem muss ich jeden Tag an den anderen denken, den ich nicht gerettet habe.

Robles schwieg, während wir an unseren Geräten schwitzten und kraftlos in die Pedale traten. Hanson ließ sich ermattet auf den Sattel fallen. Robles, plötzlich wieder hellwach, fixierte ihn. Hoch mit Ihnen, brüllte er. Enttäuschen Sie mich nicht, Mr. Hanson. Sie dürfen nicht aufgeben.

Während unser Keuchen den Raum erfüllte, dachte ich

kurz an den Mann aus El Salvador und überlegte, wie die Nachricht von seinem Tod wohl seine Familie erreicht hatte, in der Luft treibend wie eine Leiche in schwarzem Wasser. Ich beobachtete Robles, der in den Pedalen stand, die Stirn schweißnass, und mit jeder Beinbewegung die Schultern nach vorn warf. Angesichts seiner gnadenlosen Plackerei fragte ich mich, ob er seinen Körper noch immer antrieb, Wiedergutmachung für das Leben zu leisten, das in der schnellen Strömung des Kanals verloschen war. Ich fragte mich, ob er seinen Körper als Werkzeug der Vernichtung sah oder als eines, das der Fürsorge diente. Ich fragte mich auch, welches Werkzeug mein eigener Körper einmal sein würde.

Bevor wir eines Nachmittags auf den Schießstand gingen, hielt unser Ausbilder in einem abgedunkelten Raum eine Powerpoint-Präsentation. Wir erfuhren, dass im Jahr zuvor mehr als siebenhunderttausend Ausländer an der Grenze verhaftet worden waren. Vielleicht finden Sie diese Zahl schlimm, sagte er, aber als ich vor acht Jahren anfing, im Jahr 2000, waren es anderthalb Millionen. Und ich muss sagen, dass nicht jeder, der über die Grenze kommt, ein guter Mensch auf der Suche nach einem ehrlichen Job ist.

Wir sahen Bilder von Opfern des Drogenkriegs, die von den mexikanischen Kartellen brutal ermordet worden waren. Ein Foto zeigte drei Köpfe in einer riesigen Kühltruhe. Ein anderes zeigte eine Frauenleiche in der Wüste, die Füße zusammengebunden, eine abgehackte Hand in den Mund gestopft. Beim Foto eines Viehtransporters, in dessen Laderaum zwölf Leichen lagen, alle mit verbundenen Augen, wie von einem Exekutionskommando erschossen, hielt unser Ausbilder inne.

Diese zwölf waren keine Gangster, sagte er, sondern Migranten, die nichts mit dem Drogengeschäft zu tun hatten, gekidnappt und getötet wegen eines mageren und bedeutungslosen Lösegelds. Das nächste Foto zeigte eine Gruppe mexikanischer Polizisten, die auf offener Straße erschossen worden waren, das nächste eine blutüberströmte Leiche auf einem Autositz – ein frisch gewählter Bürgermeister, der versprochen hatte, mit der Drogenkriminalität in seiner Stadt aufzuräumen, erschossen an seinem ersten Arbeitstag. Damit werden Sie es zu tun haben, sagte unser Ausbilder, das erwartet Sie.

Bislang sind sieben von uns ausgestiegen. Jetzt sind wir nur noch dreiundvierzig. Sullivan hörte genau eine Woche nach Santiago auf. Ich kannte ihn nicht, aber er soll sich oft beklagt haben. Serra, eine von nur drei Frauen in unserem Jahrgang, hörte zwei Tage später auf. Niemand wusste, warum. Sie war eine Einzelgängerin, sagten alle. Der Nächste war Golinski, wegen einer feinen Fraktur am linken Knie ließ er sich auf unbestimmte Zeit beurlauben. Als ich ihn am Vorabend im Computerraum sah, fragte ich ihn, was er nach seiner Heimkehr machen werde. Er guckte, als habe er die Frage nicht verstanden. Ich warte, bis mein Knie wieder heil ist, dann komm ich zurück. Ich war zweimal im Irak, ich weiß, dass ich für diesen Job geeignet bin.

Hanson stieg aus, nachdem er von der Polizei in seinem Heimatort in Illinois ein Angebot erhalten hatte. Man verdient fast genauso viel, sagte er, und ich muss meine Frau und die Kinder nicht nachkommen lassen. An seinem letzten Tag mussten wir nach dem Sport mit nacktem Oberkörper antreten, damit Robles unseren Körperfettanteil messen konnte.

Hanson stand neben mir. Zum ersten Mal sah ich das Fettpolster auf seiner Hüfte. Als Robles vor ihm stand, betrachtete er die überhängende Hautfalte und sah ihm dann ins Gesicht. Wie viel haben Sie abgenommen?, fragte er. Hundertachtzig Pfund in anderthalb Jahren, sagte Hanson und schaute geradeaus. Robles nickte. Hoffen wir, dass Sie das nie wieder zulegen.

Dominguez, Harts Stubenkamerad, gab als Nächster auf, nachdem er zum dritten Mal durch die juristische Prüfung gerasselt war. Tagelang fragte ich mich, ob ich nicht mehr für ihn hätte tun können. Als ich eines Abends mit Hart in der Kantine saß, fragte ich ihn: Warum hast du ihm nicht angeboten, dass er mit uns lernen kann? Er war doch dein Stubenkamerad, du hättest dich um ihn kümmern sollen. Hart starrte mich ungläubig an. Blödsinn, sagte er und schob das Brötchen auf seinem Teller hin und her. Dominguez hätte bestanden, wenn er gewollt hätte. Nachts hat er die ganze Zeit telefoniert. Er hatte so viel Grips, dass er den Staatsbürgerschaftstest auf der Highschool bestanden hat. Und anschließend hat er seinen Bachelor in Baumanagement gemacht. Du bist nicht der Einzige, der aufs College gegangen ist. Dominguez hatte sogar seine eigene Baufirma, bevor der Immobilienmarkt zusammenbrach, wusstest du das? Hart nahm das Brötchen und biss ein großes Stück ab. Aber statt zu studieren, hat er in seiner freien Zeit andauernd mit seiner Familie telefoniert. Er ist ganz allein dafür verantwortlich, niemand sonst. Ich dachte eine Weile nach. Worüber haben sie denn gesprochen?, fragte ich schließlich. Hart zuckte mit den Schultern. Woher soll ich das wissen, sagte er, ich kann kein Spanisch.

Zu Weihnachten kam meine Mutter auf Besuch. An Heiligabend holte sie mich in der Akademie ab, wir fuhren durch die strohgelbe Chihuahua-Ebene und weiter hinauf in immergrünes Bergland und quartierten uns in einer warmen, hell möblierten Hütte ein. Wir saßen am Tisch und schmückten einen Miniaturbaum mit winzigen Glaskügelchen, tranken Eggnog mit Brandy und lachten, bis aus unserer Plauderei eine Diskussion über meine bevorstehende Tätigkeit wurde.

Weißt du, sagte meine Mutter, ich habe viele Jahre als Park Ranger gearbeitet, ich habe nichts dagegen, wenn du für den Staat arbeitest, aber findest du nicht, dass es unter deinem Niveau ist? Du studierst, machst Examen und gehst dann zum Grenzschutz? Wenn sich die Leute daheim nach dir erkundigen und ich erzähle, dass du bei der Polizei bist, schauen sie mich ganz komisch an. Ich weiß nicht, was ich weiter sagen soll. Ich verstehe wirklich nicht, was du dir davon versprichst.

Ich holte tief Luft. Schau, sagte ich, ich war vier Jahre auf dem College, habe Internationale Beziehungen studiert, habe mich mit der Grenze beschäftigt. Du kannst den Leuten sagen, dass mir das Buchwissen nicht reicht. Ich will vor Ort sein, die Praxis erleben, den realen Alltag an der Grenze. Ich weiß, dass es hässlich sein kann, dass es gefährlich sein kann, aber ich weiß keinen besseren Weg, die Grenze wirklich zu verstehen.

Meine Mutter sah mich ungläubig an. Ist das dein Ernst?, fragte sie. Es gibt unendlich viele Wege, einen Ort zu verstehen. Du bist in der Nähe der Grenze aufgewachsen, wir haben in der Wüste und in Nationalparks gelebt. Himmel, wir haben die Grenze im Blut. Deine Urgroßeltern sind mit meinem Vater aus Mexiko über die Grenze gegangen, als er noch ein Kind war. Als ich heiratete, habe ich darauf bestanden, meinen Mädchennamen zu behalten, damit du etwas von der Familie deines Großvaters weiterträgst, damit du deine Herkunft nie vergisst. Was willst du denn noch über die Grenze wissen?

Ich bin sehr dankbar dafür, sagte ich, aber einen Namen zu tragen heißt noch lange nicht, dass man eine Sache versteht. Ich will draußen im Freien sein, nicht in einem Vorlesungssaal, nicht in einem Büro, nicht an einem Computer sitzen, einen Haufen Papiere vor mir. Erinnerst du dich, fragte ich meine Mutter, du bist zu den Park Rangern gegangen, weil du in der Natur sein wolltest, weil du der Ansicht warst, dass du dort wirklich bei dir bist. Meine Mutter kniff die Augen zusammen, als hätte ich plötzlich vom Thema abgelenkt. Bei mir ist es nicht viel anders, sagte ich. Ich weiß nicht, ob die Grenze der Ort ist, wo ich bei mir bin, aber ich weiß, dass es etwas ist, dem ich mich stellen muss. Vielleicht ist es die Wüste, vielleicht die Nähe von Leben und Tod, vielleicht ist es der Konflikt zwischen den beiden Kulturen, die wir in uns tragen. Jedenfalls werde ich es nur verstehen, wenn ich es unmittelbar erlebe.

Meine Mutter schüttelte den Kopf. Das klingt ja so, als würdest du den ganzen Tag tiefsinnige Gespräche mit der Natur führen. Grenzschutz ist etwas anderes als der Park Service. Das ist eine paramilitärische Polizeitruppe. Das musst du mir nicht erklären, sagte ich ärgerlich, an der Polizeiakademie werden wir nicht mit Samthandschuhen angefasst.

Ich weiß, du willst nicht, dass aus deinem einzigen Sohn ein herzloser Cop wird. Du hast Angst, dass mich der Job brutal und gefühllos macht. Die Leute, die dich komisch angucken, wenn du erzählst, dass ich beim Grenzschutz bin, denken wahrscheinlich, dass dort nur weiße Rassisten Dienst tun, die nichts anderes im Sinn haben, als Mexikaner zu erschießen und zu deportieren. Aber so jemand bin ich nicht, und das gilt auch für die Leute, mit denen ich auf der Akademie bin. Fast die Hälfte meines Jahrgangs sind Hispanics – manche sind in einer spanischsprachigen Familie aufgewachsen, zum Teil direkt an der Grenze. Manche sind wie ich aufs College gegangen, manche haben in einem Krieg gekämpft, manche hatten ein Geschäft, manche hatten einen Job ohne Aufstiegsmöglichkeit, und manche kommen frisch von der Highschool. Manche haben Kinder. Diese Leute sind nicht zum Grenzschutz gegangen, um andere zu schikanieren, sondern weil sie ihrem Land dienen wollen oder weil es ein sicherer, gut bezahlter Job ist.

Aber es gibt so viele andere Möglichkeiten für dich, sagte meine Mutter. Du hast ein hervorragendes Examen gemacht.

Na und?, erwiderte ich. Meine Entscheidung bedeutet nicht, dass ich in jedem Fall Karriere beim Grenzschutz machen werde. Ich betrachte es als Teil meiner Ausbildung. Überleg mal, was ich alles lernen kann, welche Möglichkeiten sich mir eröffnen. Ich weiß, du hast nicht viel übrig für den Polizeidienst, aber an der Grenze geht es nicht ohne Polizei. Ich bin nicht mit allen Aspekten des Grenzregimes einverstanden, aber es ist nützlich, den realen Alltag an der Grenze zu verstehen. In drei, vier Jahren werde ich vielleicht an die Uni zurückkehren und Jura studieren, vielleicht werde ich mich politisch engagieren. Als Anwalt für Einwanderungsrecht oder als Abgeordneter könnte ich meinen Job viel besser machen, weil ich Erfahrungen beim Grenzschutz gesammelt habe.

Meine Mutter schaute seufzend zur Decke. Man kann auch anderswo Erfahrungen sammeln, in Jobs, die nicht so gefährlich sind, wo man den Menschen hilft, statt ihnen als Ordnungsmacht gegenüberzutreten. Aber genau das ist es, sagte ich. Ich werde den Menschen helfen. Ich spreche beide Sprachen. Beide Kulturen sind mir vertraut. Ich habe in Mexiko gelebt und das Land bereist. Ich bin in Städten und Dörfern gewesen, die praktisch entvölkert waren, weil alle auf der Suche nach Arbeit in Richtung Norden abgewandert sind. Immer werden gute Leute über die Grenze kommen, und ob ich beim Grenzschutz bin oder nicht, es werden Polizisten unterwegs sein, die sie festnehmen. Wenn ich derjenige bin, der sie festnimmt, kann ich ihnen zumindest ein bisschen Trost spenden, weil ich ihre Sprache spreche und mit ihnen über ihre Heimat reden kann.

Gut, sagte meine Mutter. Aber du musst wissen, dass du Teil eines Systems sein wirst, einer Institution, der die Menschen egal sind.

Ich sah beiseite, wir schwiegen. Ich schaute auf meine Hände und dachte über die Worte meiner Mutter nach. Vielleicht hast du recht, sagte ich, aber in eine Institution einzutreten heißt nicht, dass man in ihr aufgeht. Im selben Moment meldeten sich leise Zweifel in mir. Ich lächelte meine Mutter an. In meinem allerersten Job habe ich mit Migranten aus Guanajuato schmutziges Geschirr abgeräumt. Das werde ich nie vergessen, ich werde mich nicht in einen anderen Menschen verwandeln. Gut, sagte meine Mutter, hoffentlich behältst du recht.

Wir umarmten uns. Meine Mutter sagte, dass sie mich liebe und froh sei, dass ich bald wieder in Arizona sei, in ihrer Nähe. Vor dem Schlafengehen öffnete jeder sein Geschenk, wie an jedem Weihnachtsabend, an den ich mich erinnern konnte.

Am nächsten Tag gingen wir zum Brunch in das historische Hotel der Stadt, wo im Kaminzimmer ein wunderbarer Braten serviert wurde. Anschließend stiegen wir auf einen Aussichtsturm, wo sich schon viele Leute drängten, um den Blick zu genießen. Unter uns erstreckte sich ein sonnenbeschienener Talkessel vom Fuß des Bergs nach Westen. Ich sah, wie sich die Landschaft im Winterlicht veränderte. Meine Mutter legte mir die Hand auf die Schulter und zeigte auf eine Gipssandwolke, die in der Ferne, kaum zu erkennen, über die Wüste trieb.

Zur Graduierungsfeier waren wir im Auditorium der Akademie vor Angehörigen und Freunden in Paradeuniform angetreten, breitkrempiger Hut, Hose und Hemd frisch gebügelt, Stiefel und Messingknöpfe blitzblank poliert, sodass sie im fluoreszierenden Licht schimmerten. Unsere Lehrer sprachen von der Wichtigkeit unserer Ausbildung und von den bevorstehenden Aufgaben. Auszeichnungen wurden verliehen, Abzeichen an die Brust geheftet. Wir standen nebeneinander vor den Zuschauern, hoben die rechte Hand und starrten festen Blicks auf die helle Wand. Ich schwöre feierlich, dass ich die Verfassung der Vereinigten Staaten gegen alle äußeren und inneren Feinde schützen und verteidigen werde, dass ich derselben aufrichtige Treue und Loyalität entgegenbringen werde, dass ich diese Verpflichtung freiwillig eingehe, ohne inneren Vorbehalt oder Arglist, und dass ich die Aufgaben des Dienstes, den ich nun antreten werde, getreu und nach besten Kräften erfüllen werde. So wahr mir Gott helfe.

Nur zwei Tage nach unserer Ankunft in der Station machten wir unseren ersten Drogenfund. Wir waren östlich des Grenzübergangs, als ein Sensor in nur drei Meilen Entfernung anschlug. Cole, unser Supervisor, zeigte auf eine Unmenge von

Fußspuren auf dem Pfad. Er verfolgte sie und gab uns nach einer Weile ein Zeichen, dass wir aus den Fahrzeugen aussteigen sollten. Es sind acht Leute, sagte er, seid still und folgt mir.

Wir liefen mehrere Kilometer in Richtung Berge, Cole immer vornweg. Behaltet das Terrain in einem Radius von anderthalb, zwei Metern im Blick, sagte er. Seht zu, dass ihr die Sonne vor euch habt, nicht im Rücken, dann sind die Spuren besser zu sehen. Wenn kaum noch etwas zu erkennen ist, achtet auf kleine Unregelmäßigkeiten – Abdrücke von Zehen, Spuren von Absätzen, zur Seite gerollte Steine, festgetretene Erde, Textilfasern an Dornen und Zweigen. Wenn ihr die Spur verliert, geht dorthin zurück, wo ihr sie zuletzt gesehen habt. Lernt, das Gelände zu lesen, es ist euer täglich Brot.

Das erste Paket fanden wir unter den Felsen am Fuß des Passes. Sie müssen uns gesehen haben, sagte Cole. Wir verteilten uns, durchkämmten die Anhöhe, und zehn Minuten später hatten wir zwei Rucksäcke voll Lebensmittel und Kleidung gefunden sowie vier weitere Bündel, die in schwarz eingefärbte Zuckersäcke eingewickelt waren. Das dürften jeweils fünfzig Pfund sein, sagte Cole und stieß mit der Fußspitze gegen ein Paket. Zweihundertfünfzig Pfund Dope, nicht schlecht für euren zweiten Tag im Gelände. Ich fragte Cole, ob wir die Fußspuren weiter hinauf zum Pass verfolgen und versuchen sollten, die Backpacker zu stellen. Auf keinen Fall, sagte er. Wenn es sich vermeiden lässt, solltet ihr nur die Pakete einsammeln. Wenn ihr verdächtige Personen aufgreift, heißt das, ihr habt es mit einem Fall von Schmuggel zu tun – und das bedeutet einen Haufen Papierkram. Wir müssten vor Ort bleiben und eine zusätzliche Schicht einlegen, nur damit alles dokumentiert ist. Und die Staatsanwälte verfolgen es ohnehin nicht. Bei den Gerichten hier stapeln sich solche Fälle. Er lachte. Aber weggeworfene Pakete sind easy, sagte er. Wirst sehen.

Auf Coles Anweisung ließen wir die Rucksäcke liegen. Ich beobachtete, wie mehrere meiner Kollegen Kleidungsstücke zerrissen und in der Gegend verteilten. In einem Rucksack fand ich ein laminiertes Heiligenbildchen des Apostels Judas Thaddäus, Flammenzungen über seinem Kopf. Morales fand ein Päckchen Zigaretten, setzte sich auf einen Felsen und rauchte, während andere unter lautem Gelächter auf einem Haufen Lebensmittel herumtrampelten. Hart pinkelte kichernd auf einen Berg durchwühlter Habseligkeiten.

Die Februarsonne stand schon tief am Himmel und tauchte die Wüste in warmes Licht, als wir mit den Paketen zu unseren Fahrzeugen zurückkehrten. Am Wegrand, im rosa Schatten eines Palo Verde, beobachtete uns eine neugierige Gopherschildkröte.

Nachts standen wir stundenlang an den Strommasten. Als wir genug hatten von der Kälte und dem lauten Brummen, legten wir eine Nagelsperre quer über die Piste und stiegen wieder in unsere Fahrzeuge, die wir in einem Wash geparkt hatten. Wir saßen schweigend da, bei laufendem Motor und aufgedrehter Heizung, und warteten. Nach einer Weile wollte Morales von Cole wissen, warum er bei einigen Kollegen »Schwarzer Tod« hieß. Cole lachte und holte eine Dose Kautabak aus der Brusttasche. Ihr müsst aufpassen, sagte er, die Indianer hier, wenn sie nachts betrunken in ihr Dorf laufen, schlafen sie mitten auf der Straße ein. Er nahm die Dose, machte eine Schüttelbewegung mit dem rechten Arm, sodass der Zeigefinger auf den Deckel ploppte. Wenn es draußen kalt ist, speichert der

Asphalt die Sonnenwärme, sogar in der Nacht. Vor ein paar Jahren, wir waren nachts auf der IR-9 unterwegs, plötzlich sehe ich einen Scheißindianer, der mitten auf der Straße eingeschlafen war. Ich hielt an und weckte ihn. Ein Bruder von ihm war auch da, er schlief im Gebüsch. Beide waren sternhagelvoll. Cole steckte sich etwas Kautabak in den Mund. Auf seiner ausgebeulten Unterlippe schimmerte das grüne Licht vom Armaturenbrett. Ich habe die beiden bis ins nächste Dorf mitgenommen und bei ihrem Cousin abgesetzt. Hab ihnen eingeschärft, nicht auf der gottverdammten Straße zu schlafen. Er nahm einem leeren Pepsi-Becher von der Mittelkonsole und spuckte hinein. Neun, zehn Monate später hab ich ihn an derselben Stelle überfahren, war sofort tot. Derselbe Typ, lag auf der Straße und schlief. Ich hab ihn überhaupt nicht gesehen. Von da an hieß ich ›Schwarzer Tod‹. Cole lachte und spuckte in den Becher, und ein paar von uns lachten mit, auch wenn sie nicht genau wussten, was für ein Lachen es war.

Kurz nach Mitternacht donnerte ein Pick-up ohne Licht über das Nagelbrett, drei Reifen waren sofort hinüber. Wir nahmen die Verfolgung auf, rasten blind durch eine Staubwolke, bis uns klar wurde, dass der Wagen gewendet hatte. Wir fuhren zurück bis zu der Stelle, wo die Reifenspur von der Straße abbog, und folgten ihr, bis wir am Fuß einer Anhöhe den Pick-up verlassen vorfanden. Im Innern waren zwei Marihuana-Pakete und ein 22er Gewehr. Cole schickte uns los, das Gelände mit unseren Taschenlampen abzusuchen, aber wir fanden nur ein weiteres Bündel. Ein Gimme-Transport, sagte Cole. Ich fragte ihn, was das sei. Ein Ablenkungsmanöver, sagte er. Sie warten, bis wir wieder verschwunden sind. Aber meinen Kameraden und mir war es egal, wir waren high von der

Verfolgungsjagd. Wir fuhren den Pick-up in einen Wash, bis er stecken blieb, schlitzten den intakten Reifen auf und ließen das Fahrzeug mit eingeschalteten Scheinwerfern und laufendem Motor stehen. Während der Rückfahrt zur Station fragte ich Cole, was mit dem Pick-up passieren werde. Er werde die Stammespolizei bitten, das Fahrzeug zu konfiszieren, sagte er, aber ich wusste, dass er nichts unternehmen würde. Selbst wenn, würden sie nicht erscheinen, denn sie hatten genauso wenig Lust auf Papierkram.

Nach Sonnenuntergang schickte Cole Morales mit einer Infrarotkamera auf eine Anhöhe unweit des Highways. Leih mir deinen Beanie, *vato,* sagte er zu mir, es ist kalt. Ich gab ihm meine Mütze und blieb mit den anderen im Wagen. Eine Stunde später bemerkte Morales eine Gruppe von zehn Personen östlich des Meilenschilds »5«. Wir liefen sofort los, doch als wir dort ankamen, hatte sich die Gruppe schon aufgelöst. Wir fanden die Männer einen nach dem anderen, geduckt im Gebüsch, versteckt hinter Palo-Verde-Bäumen und Cholla-Kakteen. Nicht einer lief davon. Sie mussten die Schnürsenkel abgeben und ihre Rucksäcke leeren, dann ging es im Gänsemarsch zurück zur Straße. Ich lief eine Weile neben einem älteren Mann, der mir erzählte, dass sie alle aus Michoacán seien. Es ist schön dort, sagte ich. Ja, sagte er, aber es gibt keine Arbeit. Waren Sie schon mal in Michoacán? Ja, sagte ich. Dann haben Sie bestimmt gesehen, wie es in Mexiko ist. Und nun sehen Sie, wie es ist, wenn wir an die Grenze kommen. Schweigend gingen wir nebeneinanderher, und nach einer Weile seufzte er tief. *Hay mucha desesperación,* sagte er, fast flüsternd. Ich wollte ihm ins Gesicht sehen, aber es war zu dunkel.

In der Station bereitete ich seine Deportationspapiere vor. Nachdem ich seine Fingerabdrücke genommen hatte, fragte er, ob es in der Station Arbeit für ihn gebe. Sie haben nicht verstanden, sagte ich, Sie müssen hier warten, bis der Bus kommt. Der wird Sie ins Hauptquartier bringen und weiter zur Grenze. Bald sind Sie wieder in Mexiko. Ich verstehe, antwortete der Mann, ich will nur wissen, ob es etwas zu tun gibt, solange ich hier warten muss, ob ich mich nützlich machen kann. Ich könnte den Müll rausbringen oder in den Zellen sauber machen. Sie sollen wissen, dass ich arbeiten will, ich bin kein schlechter Mensch. Ich bin kein Drogenschmuggler. Ich habe keine illegalen Sachen vor. Ich will arbeiten. Ich sah ihn an. Das weiß ich, sagte ich.

Cole fuhr mit uns zu einem Versteck unmittelbar am Highway, an der Stelle, wo er von Schmugglern beinahe überfahren worden wäre. Wir kamen zu einem breiten Wash, in dem alte Decken, Kleidungsstücke, Bindfäden, leere Thunfischdosen und zertretene Wasserflaschen herumlagen. In der Nähe war ein Kaktus, ein hoher, stark verzweigter Cholla. Cole fragte, ob einer von uns Desinfektionsmittel dabeihatte. Jemand warf ihm eine kleine Flasche zu. Er goss den Inhalt über den schwarzen Stamm des Kaktus, ließ sich ein Feuerzeug geben und zündete das Zeug an. Dann trat er zurück und sah zu, wie sich die Flammen knisternd und zischend am Stamm hochfraßen und die Dornenzweige des Baumes erfassten. Im Feuerschein nahm Cole seine Kautabakdose, schüttelte sie und steckte sich ein Stückchen in den Mund. Die Unterlippe schimmerte prall und glatt, auf seiner rasierten schwarzen Haut tanzten die Reflexe der Flammen. Er spuckte ins Feuer. Wir standen mit ihm in einem Kreis um den brennenden Kaktus, lachten und machten Fotos und filmten mit unseren Handys, während dichter Rauch in den Nachthimmel stieg und die Luft mit dem harzigen Geruch von heißem Teer erfüllte.

Cole war gerade dabei, vor uns in der Dunkelheit den Pfad abzusuchen, als er über Funk von einem Puma berichtete. Kommt her, mit gezogener Waffe, sagte er. Wir dachten, er will uns einen Schrecken einjagen. Wir redeten laut, hatten die Taschenlampen angemacht – ein Puma würde sich bestimmt zurückziehen. Wir gingen immer weiter hinunter, bis das Gelände eben wurde, und in dem Moment kam aus der Dunkelheit neben uns ein scharfes Zischen, das sich anhörte, als würde tief aus der Erde ein heißer Windstoß entweichen. Ach du Scheiße, sagten wir und bewegten uns mit gezogener Waffe vorsichtig voran, Rücken an Rücken, und richteten unsere Taschenlampen in alle Richtungen. Eine große Furcht stieg in mir auf – nicht wegen der Gefahr, die der Puma für uns darstellte, sondern bei dem Gedanken, dass er sich uns zeigen würde, so vielen bewaffneten und sorglosen Männern.

An manchen Tagen habe ich das Gefühl, dass ich in meinem Job zunehmend besser werde. Und dann frage ich mich, was es eigentlich heißt, in diesem Job gut zu sein. Manchmal frage ich mich, wie ich bestimmte Dinge erklären soll, was an unserem Tun sinnvoll ist, wenn sie vor uns weglaufen, sich im Gelände verteilen, ihre Wasserflaschen zurücklassen und ihre Rucksäcke mit Essensvorräten und Kleidung, wie ich unser Tun erklären soll, wenn wir ihre mit Wasser und Proviant ausgestatteten Depots entdecken. Das hängt natürlich davon ab, mit welchen

Kollegen man unterwegs ist, was für ein Polizist man ist, was für ein Polizist man werden will, aber es stimmt schon, dass wir das Trinkwasser auf die ausgedörrte Erde kippen und die Flaschen zertreten, dass wir ihre Rucksäcke, das Essen und die Anziehsachen zusammentragen und darauf herumtrampeln und daraufpinkeln, in der Wüste verteilen und anzünden. Und ja, es klingt furchtbar, und vielleicht ist es das auch, aber die Vorstellung ist die, dass diese Leute, wenn sie aus ihren Verstecken kommen, sich neu formieren und sehen, dass ihre Vorräte geplündert und vernichtet wurden, erkennen, in welcher Lage sie sind, dass sie keine Chance haben, dass es sinnlos ist, weiterzumachen, und dass sie in dem Moment aufgeben, sich zur nächsten Straße, zur nächsten Piste vorankämpfen und einen vorbeikommenden Streifenwagen anhalten oder das nächste Dorf aufsuchen, an eine Tür klopfen, in der Hoffnung, dass jemand ihnen zu essen und zu trinken gibt und die Polizei ruft, die sie dann einsammelt – das ist die Vorstellung, das ist der Zweck der Übung. Trotzdem habe ich Albträume, ich sehe die Leute durch die Wüste stolpern, Männer aus Michoacán, aus Orten, die ich kenne, Männer, die ohne Nahrung und Wasser umherirren und langsam sterben, während sie nach einer Straße Ausschau halten, einem Dorf, einem Ausweg. In meinen Träumen suche ich nach ihnen, ohne Erfolg, bis ich schließlich auf ihre Leichen stoße, die vor mir auf der Erde liegen, mit dem Gesicht nach unten, tot und verwesend, menschliche Wegmarken in einer weiten und glühend heißen Landschaft.

Im Jahr 1706 stieg der Tiroler Jesuitenpater Eusebio Kino auf den Gipfel eines Vulkans unmittelbar südlich der späteren Staatsgrenze zwischen den Vereinigten Staaten und Mexiko.

Von dort ging sein Blick über eine weite Dünenlandschaft und schwarze Lavafelder bis hin zum blau schimmernden Golf von Kalifornien. Da erkannte er, der als erster Weißer auf diesem fernen Gipfel stand, was die einheimischen Wüstenbewohner schon lange wussten: dass Niederkalifornien keine Insel ist, wie es Eroberer und Missionare immer vermutet hatten, sondern eine schmale, mit dem nordamerikanischen Kontinent verbundene Halbinsel, die hinausragte in alte, fischreiche Gewässer. Jenseits der hellen Sanddünen und des schimmernden Meers konnte Pater Kino die Mündung des Colorado ausmachen und die bewaldeten Gipfel der Sierra de San Pedro Mártir, des höchsten Bergzugs auf der Halbinsel.

Unten in den Dünen stieß er auf ein Wandervolk. Sie rodeten lange Streifen trockenen Bodens für Zeremonien und zeichneten überdimensionale Figuren in die Erde, Figuren von Menschen und Tieren, die mit Steinen sorgfältig eingefasst wurden. Seit Jahrhunderten bewohnten sie eine Landschaft aus Kratern, eingefallenen Calderen und zerklüfteten, halb versandeten Bergen. Sie hatten kaum Kontakt mit anderen, tauschten mit Nachbarstämmen gelegentlich Waren aus und erlaubten all jenen, die an der nahe gelegenen Küste Salz sammeln wollten, ihr Territorium zu durchqueren.

Für Pater Kino waren diese Menschen schwach und ärmlich, sie ernährten sich mühsam von Wurzeln und Eidechsen. Aber sie wussten, dass ein Leben in der Wüste möglich war, ein Leben, für das zu kämpfen sich lohnte. Für die Europäer war die gesamte Gegend *malpaís*, unbewohnbar, doch die Einheimischen wussten, dass das Land zu einem großen zusammenhängenden Raum gehörte.

Nach drei Monaten Grundausbildung wurden wir schließlich zu rotierenden Einsätzen unter erfahrenen Journeymen eingeteilt. Ich wurde Mortenson zugewiesen, der schon vier Jahre beim Grenzschutz war. Weißt du was, sagte Mortenson bei unserer ersten gemeinsamen Schicht, es haut mich jedes Mal um, wenn ich zur Ausbildung abkommandiert werde. Kommt mir vor, als wäre meine eigene Ausbildung erst gestern gewesen. Mein erster Journeyman war arrogant wie sonst was, spottete er. Redete immer vom »alten Grenzschutz« und dem »neuen Grenzschutz«, dass niemand mit weniger als acht Dienstjahren Journeyman sein sollte. Aber das war vor der großen Einstellungswelle – heutzutage ist ein einziges Kommen und Gehen in der Station, selbst untere Ränge werden rasch befördert. Mortenson grinste. Also, darf ich vorstellen, dein ganz persönlicher Journeyman.

Und red mich bloß nicht mit Sir an, diesen Quatsch können wir uns schenken. Wir fuhren inzwischen auf dem Highway. Mein alter Herr ist der strengste Polizist, den du dir denken kannst, ich musste von Anfang an Sir zu ihm sagen. Scheiße, ich bin dreiundzwanzig und kenne nichts anderes als den Polizeidienst. Mortenson starrte hinaus in die Dunkelheit. Und du?, fragte er. Ich bin auch dreiundzwanzig, sagte ich. Na bitte, sagte er, einen Typen, der so alt ist wie ich und mich mit Sir anredet, kann ich nicht gebrauchen. Aber weißt du was, bei Schichtende kannst du die Karre waschen. Er grinste.

Einmal fuhren wir in aller Frühe, noch vor Sonnenaufgang, zum Grenzübergang. Es ist ratsam, sich mit den Zollbeamten gut zu stellen, sagte Mortenson. Sie haben alle Fahrzeuge und Fußgänger im Blick, die den Kontrollpunkt passieren, und wir kümmern uns um den Rest. Wenn du es hinkriegst, dass diese

Typen dich okay finden, dann geben sie dir manchmal richtig gute Informationen. Mortenson stellte mich einem Supervisor vor und erreichte, dass wir die Videobilder der Überwachungskameras ansehen durften. Fast eine Stunde beobachteten wir schwach erleuchtete Gebäude und Straßen rings um den Grenzübergang, bis draußen die Sonne schließlich aufging und auf den Bildschirmen alles hell wurde. Mortenson zeigte auf einen Monitor ganz links, auf dem zu sehen war, wie drei verpixelte Gestalten, zwei Männer und eine Frau, ein Loch in den Grenzzaun schnitten. Mortenson und ich sprangen auf, liefen hinaus und sahen gerade noch, wie die Männer durch das Loch zurück auf die mexikanische Seite krochen. Die Frau rührte sich vor lauter Angst nicht vom Fleck.

Während Mortenson das Loch in Augenschein nahm, erzählte mir die junge Frau schluchzend, dass es ihr Geburtstag war, ihr dreiundzwanzigster. Sie flehte mich an, sie laufen zu lassen, und versicherte, dass sie es nie wieder versuchen werde. Mortenson musterte die Frau und lachte. Erst letzte Woche habe ich sie verhaftet, sagte er. Sie sprach hastig weiter, während wir zum Grenzposten zurückkehrten. Mortenson ging hinein, um unsere Sachen zu holen, ich wartete derweil mit ihr auf dem Parkplatz. Sie sagte, sie sei aus Guadalajara, dass es Probleme dort gebe, dass sie schon viermal versucht habe, über die Grenze zu kommen. Diesmal, versicherte sie mir, werde sie wirklich in Mexiko bleiben und ihr Musikstudium beenden. *Te lo juro*, sagte sie und sah mich lächelnd an. Eines Tages werde ich eine Sängerin sein. Glaub ich, sagte ich und erwiderte ihr Lächeln. Sie sagte, dass sie mich nett fände, und bevor Mortenson wieder auftauchte, drückte sie mir ihre gefälschte Greencard in die Hand. Ich will keinen Ärger wie beim letzten

Mal, sagte sie. Nach einem raschen Blick zum Kontrollpunkt steckte ich die Greencard ein. Sobald Mortenson zurückgekehrt war, stiegen wir in unseren Wagen und fuhren in Richtung Norden zur Station, lachten und klatschten, als die junge Frau auf dem Rücksitz »Bidi Bidi Bom Bom« sang. Sie wird mal eine Sängerin, sagte ich. Sie strahlte. Mann, ist sie schon, sagte Mortenson.

Eines Nachts, nachdem ich schließlich allein auf Patrouille gehen durfte, beobachtete ich drei Gewitter über der mondbeschienenen Wüste – eines in Mexiko, weit im Süden, das zweite zog von den Bergen im Osten heran, und das dritte war genau hinter mir, so dicht, dass ich Regentropfen und warme Windböen spürte. In der Ferne zuckte ein Blitz, der die Wüste in gespenstisch weißes Neonlicht tauchte.

In der Station bekam ich die Schlüssel für einen Gefangenentransporter, mit dem ich zum Reservat fahren sollte, wo in einem Dorf zwei verdächtige Personen beobachtet worden waren. Kurz nach Einbruch der Dunkelheit traf ich dort ein. Ich fuhr an den weit verstreuten Häusern vorbei, bemerkte aber kein Lebenszeichen, sah keine gestrandeten Migranten. Im Zentrum der Ortschaft kam ich an einer kleinen Adobe-Kirche vorbei. Ich sah, dass die Eingangstür geöffnet war, parkte das Fahrzeug so, dass das Scheinwerferlicht auf den Eingang fiel, trat näher und stemmte mich gegen die schwere Holztür. Mit einem unangenehm lauten Schleifgeräusch, das den dunklen Innenraum erfüllte, ging sie auf.

Im Schein meiner Taschenlampe sah ich mir das Innere der Kirche an. Dünne Lamettafäden hingen an der Decke, an der

Stirnwand war ein großes Tuch aufgespannt, auf dem die Jungfrau von Guadalupe dargestellt war. Darunter, zwischen Altar und Sitzbänken, lagen zwei Gestalten auf einer Decke. Ich trat näher. Ein Mann blinzelte in meine Richtung, hielt die Hand gegen das Licht. Wir ruhen uns nur ein wenig aus, sagte er. Wir sind am Ende unserer Kräfte. Neben ihm lag eine Frau, die sich die Hand vor das Gesicht hielt. Der Mann berichtete, halb auf den Ellbogen gestützt, dass sie vier Tage zuvor über die Grenze gekommen waren und dass ihr Führer sie in der ersten Nacht zurückgelassen hatte, weil sie mit dem Tempo der Gruppe nicht Schritt halten konnten. Tagelang waren sie herumgeirrt, hatten nichts zu trinken gehabt, nur das schmutzige Wasser in den Viehtränken. *Puede ser muy fea la frontera,* sagte ich. Der Mann schüttelte den Kopf. *Pues sí,* sagte er, *pero es aún más feo donde nosotros vivimos.*

Er berichtete, sie seien aus Morelos. Meine Frau und ich suchen einfach Arbeit, sagte er. Ich nickte. Schweigend rieb er sich die Augen. Ich habe frisches Wasser für Sie, sagte ich. In der Station gibt es Saft und Kekse. Der Mann sah mich an, lächelte schwach und bat um etwas Geduld, er werde ihre Siebensachen zusammenpacken. Er stopfte ein paar Dinge in seinen Rucksack und half dann seiner Frau hoch. Getrocknete Tränenspuren zogen sich über ihr Gesicht, und dann sah ich, dass sie schwanger war. Im wievielten Monat?, fragte ich sie. Die Frau schaute weg. *Seis meses,* antwortete der Mann und lächelte. Meine Frau spricht perfekt Englisch, sagte er und warf sich den Rucksack über die Schulter. Vor dem Altar blieb er stehen, senkte den Kopf und bekreuzigte sich. Ich wartete an der Tür, hörte ihn ein Gebet murmeln. *Gracias,* flüsterte er. *Gracias.*

Draußen im Scheinwerferlicht sah ich ihre Gesichter. Die Frau war noch jung. Wo haben Sie Englisch gelernt, fragte ich sie. In Iowa, sagte sie. Ich bin dort aufgewachsen, ich habe sogar den G. E. D.-Test abgelegt. Sie hielt den Kopf gesenkt, sah mir nicht in die Augen, schaute nur flüchtig auf meine Uniform. Warum sind Sie dort weggegangen?, fragte ich. Sie sei, sagte sie, nach Morelos zurückgekehrt, um sich nach dem Tod ihrer Mutter um die jüngeren Geschwister zu kümmern. Ich habe mit Englischunterricht im Kindergarten ein bisschen Geld verdient. Ich habe den Erwachsenen in meinem Dorf Stunden gegeben, sie auf die Reise in den Norden vorbereitet. Für einen kurzen Moment schien sie stolz zu sein, doch dann schüttelte sie den Kopf. Aber das Geld reicht einfach nicht. Sie schaute zu ihrem Mann. Es war meine Idee, über die Grenze zu gehen, sagte sie. Unser Kind sollte hier in diesem Land groß werden, so wie ich.

Der Mann sah mich im Licht an. Hören Sie, sagte er, könnten Sie uns nicht nach Mexiko zurückbringen, *como hermano*? Sie könnten uns zur Grenze fahren und uns dort zurücklassen. Ich seufzte. Ich muss Sie abliefern, sagte ich. Das ist mein Job. Der Mann holte tief Luft, nickte und stieg dann hinten in den Transporter und half seiner schwangeren Frau hinauf.

Ich deutete auf eine Kiste mit Wasserflaschen auf dem Boden. Sie sollten trinken, sagte ich. Wie heißen Sie?, fragte ich, die Hände auf den Metallstäben der Zelle. Der Mann sah mich überrascht an und warf seiner Frau einen Blick zu. Und dann, als wäre es das Normalste von der Welt, stellten sie sich vor. Ich wiederholte die Namen und nannte dann meinen Namen. *Mucho gusto*, sagte ich. Sie lächelten. *Igualmente*. Ich drehte mich um, verriegelte die Zelle und warf die Tür zu.

Vom Fahrersitz aus schaute ich durch das Plexiglasfenster nach hinten. Der Mann hielt seine Frau in den Armen und flüsterte ihr etwas zu, strich ihr über den Kopf. Kurz bevor ich den Motor anließ, konnte ich ihr leises Schluchzen hören. Ich fuhr durch die menschenleere Ortschaft, überlegte, wie ich wieder zur Hauptstraße zurückfinden würde, und für einen Moment war ich völlig desorientiert. Hinter dem letzten Haus sah ich am Rand des Scheinwerferkegels einen weißen Hund, der in die dunkle Nacht starrte.

In der Station ging ich mit den beiden ihre Sachen durch, sortierte verderbliche Lebensmittel und scharfe Gegenstände aus, bat sie, Gürtel und Schnürsenkel abzugeben, versah ihre Rucksäcke mit einem Zettel und gab ihnen eine Empfangsbestätigung. Ich zählte ihr Geld, Pesos und Dollars, gab es ihnen zurück und schärfte ihnen ein, es gut wegzustecken. Ich füllte ihre Papiere aus, gab die Namen in den Computer ein und brachte sie dann in ihre Zelle. Bevor ich ging, wünschte ich ihnen eine gute Heimreise. Sie sollten gut auf sich aufpassen und immer an ihr Kind denken.

Als ich später wieder im Transporter saß und die Meldungen hörte, die über Funk kamen, stellte ich fest, dass ich ihre Namen vergessen hatte.

Die heutige Grenze zwischen den Vereinigten Staaten und Mexiko wurde größtenteils im Vertrag von Guadalupe Hidalgo von 1848 festgelegt, den beide Staaten nach knapp zwei Jahren Krieg unterzeichneten. Die Grenze sollte »an der Küste des Pazifischen Ozeans, drei Seemeilen südlich des südlichsten Punktes im Hafen von San Diego« beginnen und weiter verlaufen in östlicher Richtung »entlang der Trennlinie zwischen Ober- und Niederkalifornien«, bis sie in der Stadt Yuma auf den Colorado-Fluss traf. Anschließend sollte sie dem Gila-Fluss bis zur Grenze von New Mexico folgen und weiter in gerader Linie verlaufen, bis sie nördlich von El Paso auf den Rio Grande traf. Hier sollte sie dem Talweg des Flusses folgen bis zu dessen Mündung im Golf von Mexiko und weiter hinaus bis zu einem Punkt »neun Seemeilen von der Küste entfernt, gegenüber der Mündung des Rio Grande«.

Gemäß Artikel 5 sollten die beiden Regierungen, damit »die Grenze mit der nötigen Präzision auf den amtlichen Landkarten verzeichnet und der Grenzverlauf markiert werden kann, ... jeweils einen Kommissar und einen Geodäten ernennen, die im Hafen von San Diego zusammentreffen und besagte Grenze in ihrem gesamten Verlauf bis zur Mündung des Rio Bravo del Norte markieren werden«. Weiter hieß es, dass die vertraglich festgelegte Grenze »von den beiden Republiken peinlich zu respektieren« sei.

Nach der Ratifizierung des Abkommens ernannten die beiden Regierungen Kommissare und Geodäten, denen die Grenzmarkierung obliegen sollte. Die Landvermessung wurde zunächst unter dem dubiosen John Russell Bartlett durchgeführt, einem gut vernetzten, abenteuerlustigen New Yorker Buchhändler. Nach einigen Anlaufschwierigkeiten etablierte die Kommission den Ausgangspunkt der Grenze an der Pazifikküste und markierte ihn mit einem »substanziellen Monument«. Am Zusammenfluss von Gila und Colorado wurde ebenfalls ein »Monument« errichtet. Zwischen diesen beiden Punkten wurden fünf Grenzmarkierungen eingerichtet.

1853 wurde die Grenze durch den Vertrag von La Mesilla modifiziert, der in den USA allgemein unter dem Namen

»Gadsden-Kauf« bekannt ist. Die neue Grenze sollte nicht mehr dem Gila quer durch Arizona bis zur Grenze von New Mexico folgen, sondern von Yuma aus in gerader Linie nach Süden verlaufen und dann in östlicher Richtung bis zum Rio Grande. Auf diese Weise gewannen Arizona und New Mexico fast dreißigtausend Quadratmeilen Territorium hinzu.

Gemäß dem neuen Abkommen sollten beide Regierungen abermals Kommissare ernennen, denen die Aufgabe zufiel, »die Grenze zu vermessen und zu markieren, soweit dies nicht schon geschehen ist«. Nach Ratifizierung des Vertrags wurde im Laufe von drei Jahren eine neue Vermessung vorgenommen, an der viele Angehörige der ursprünglichen Kommission mitwirkten. Der neu ernannte Kommissar, William H. Emory, ging seine Aufgabe mit großer Überzeugung an. Aus seiner Sicht war es »vorteilhaft, dass zwei Nationen, die sich in Gesetz, Religion, Sitten und physischen Bedürfnissen so sehr unterscheiden, durch eine Grenze voneinander getrennt werden«. Er bedauerte zwar, dass die neue Grenze »den natürlichen Expansionsdrang« der Vereinigten Staaten einschränke, erklärte aber mit charakteristischem Eifer, dass »auf diesem Kontinent wohl keine Grenze zu finden ist, die ihren Zweck besser erfüllt«.

Zusätzlich zu den sechs bereits vorhandenen Markierungspunkten an der kalifornisch-mexikanischen Grenze errichtete Emorys Kommission siebenundvierzig Markierungen entlang der neu gezogenen Linie vom Colorado bis zum Rio Grande. Damit war zum ersten Mal der gesamte Verlauf einer Grenze etabliert, die bislang nur auf dem Papier und in den Köpfen temperamentvoller Politiker existiert hatte.

Grenzschützer fanden Martín Ubalde de la Vega und seine drei Gefährten auf dem Bombenabwurfgelände mehr als achtzig Kilometer nördlich der Grenze. Die vier Männer waren sechs Tage in der Wüste gewesen und hatten in der hochsommerlichen Hitze mehr als achtundvierzig Stunden nichts gegessen und getrunken. Als man sie fand, war einer von ihnen schon tot. Einer der Überlebenden wurde im Krankenhaus sofort behandelt und auch bald entlassen, während ein anderer, nachdem er aus dem Koma erwacht war und sich nicht mehr an seinen Namen erinnern konnte, auf der Intensivstation blieb. Als ich im Krankenhaus eintraf und mich nach dem dritten Überlebenden erkundigte, hörte ich, dass er mit Nierenversagen eingeliefert worden und auf dem Weg der Besserung sei. Die Schwestern führten mich zu seinem Zimmer, wo er wie ein dunkler Stein in einem weißen Bett lag.

Ich hatte den Auftrag, so lange bei de la Vega zu bleiben, bis sich sein Zustand stabilisiert hatte, um ihn dann zwecks anschließender Deportation zur Station zu bringen. Ich setzte mich zu ihm ans Bett und bat ihn nach mehreren Minuten des Schweigens, von sich zu erzählen. Er antwortete zögernd, als wisse er nicht recht, was er sagen oder wie er sich ausdrücken sollte. Er entschuldigte sich für seine geringen Spanischkenntnisse, mehr habe er in der Schule nicht gelernt. Er komme aus Guerrero, in seinem Dorf werde Mixtekisch gesprochen, die Leute arbeiteten auf dem Land. Er habe sieben Kinder, fünf Mädchen und zwei Jungen. Die älteste Tochter lebe in Kalifornien. Er sei über die Grenze gekommen mit dem Plan, bei ihr zu wohnen und sich einen Job zu suchen.

Die nächsten Stunden schauten wir Telenovelas, wobei er mich hin und wieder über die amerikanischen Frauen befragte, ob sie so seien wie die im Fernsehen. Dann erzählte er mir von seiner jüngsten Tochter, die noch in Mexiko war. Sie ist gerade achtzehn geworden, sagte er. Sie könnten sie heiraten.

Am späten Nachmittag sollte de la Vega schließlich entlassen werden. Die Schwester brachte seine Sachen – Jeans und Turnschuhe mit durchlöcherter Sohle. Ich fragte ihn, wo sein Hemd geblieben sei. Weiß ich nicht, sagte er. Die Schwester erklärte achselzuckend, dass er so eingeliefert worden sei. Wir haben nur Krankenhemden, keine anderen Kleidungsstücke. Als wir durch die Eingangshalle gingen, beobachtete ich, wie sich alle Blicke auf seinen entblößten Oberkörper richteten. Ich stellte mir vor, wie er halb nackt in diesem fremden Land von Polizeiwache zu Polizeiwache gefahren und schließlich zur Grenze gebracht würde.

Draußen auf dem Parkplatz bat ich ihn, sich auf den Beifahrersitz meines Streifenwagens zu setzen, ging nach hinten, klappte den Kofferraumdeckel hoch, legte Gürtel und Uniformhemd ab und zog mein weißes T-Shirt aus. Dann komplettierte ich meine Uniform wieder, ging nach vorn und gab de la Vega mein Unterhemd.

Bevor wir die Stadt verließen, fragte ich ihn, ob er hungrig sei. Sie sollten jetzt etwas essen, in der Station gibt es nur Saft und Cracker. Ich fragte ihn, ob er auf etwas Bestimmtes Hunger habe. Was essen die Amerikaner denn so? Ich lachte. Hier essen wir meistens mexikanisch. Er sah mich ungläubig an. Aber wir essen auch Hamburger, sagte ich. Beim nächsten McDonald's bog ich ab, am Drive-in-Schalter sagte de la Vega, dass er kein Geld habe. *Yo te invito,* sagte ich.

Wir fuhren auf dem Highway in Richtung Süden. Ich suchte einen mexikanischen Sender, wir hörten Norteño, während de la Vega seinen Hamburger verspeiste. Schweigend saß er neben mir und schaute hinaus in die vorbeiziehende Wüste. Und dann, als flüstere er mir oder jemand anderem zu, erzählte er von Guerrero, vom feuchten grünen Regenwald, und ich fragte mich, ob er sich diese Wüste je hätte vorstellen können, eine solche Landschaft, in der einer seiner Freunde sterben und ein zweiter seinen Namen vergessen würde, in der die Erde noch immer vor vulkanischer Hitze brodelte.

Während ich an der Grenze unterwegs bin, um nach Fußabdrücken Ausschau zu halten, bemerke ich eine Sonora-Kutscherpeitschenschlange, die gerade versucht, durch den Zaun auf die mexikanische Seite zu gelangen. Sie gleitet am Metallgitter entlang, will einen Weg in Richtung Süden finden und stößt dabei mit dem Kopf immer wieder gegen das rostige Metall, bis ich sie schließlich zu einer ausgewaschenen Rinne lotse, durch die sie entwischen kann. Nachdem sie die angrenzende Straße überquert hat, bleibe ich noch eine Weile stehen und schaue durch das Gitter, betrachte die gewundene Spur, die sie auf die Erde gezeichnet hat.

Eine Frau auf der mexikanischen Seite des Grenzzauns winkte mich herbei, als ich an ihr vorbeikam. Ich stieg aus und ging zu ihr hinüber. Mit Panik in der Stimme fragte sie, ob ich von ihrem Sohn wüsste – er sei vor Tagen über die Grenze gekommen oder vielleicht schon vor einer Woche, sie war sich nicht sicher. Sie hatte nichts von ihm gehört, niemand hatte etwas gehört, sie wusste nicht, ob man ihn aufgegriffen hatte oder ob er irgendwo in der Wüste verschollen, ob er überhaupt noch am Leben war. *Estamos desesperados,* sagte sie mit zittriger

Stimme, die eine Hand auf der Brust, die andere auf dem Zaun. Ich weiß nicht mehr, was ich gesagt habe, ob ich den Namen ihres Sohns notiert oder ihr die Telefonnummer einer Dienststelle oder einer Hotline gegeben habe, aber ich erinnere mich, dass ich später an de la Vega denken musste, an seine Freunde, den toten und den delirierenden Freund und an all die Fragen, die ich ihr hätte stellen sollen. Als ich abends zu Hause ankam, warf ich den Pistolengürtel und die Uniform auf die Couch und stand allein in meiner leeren Wohnung. Dann rief ich meine Mutter an. Ich bin zu Hause, sagte ich, mach dir keine Sorgen.

Jahrzehnte nach der Unterzeichnung des Vertrags von La Mesilla kamen mexikanische und amerikanische Diplomaten noch dreimal – 1882, 1884 und 1889 – in Washington zusammen, um über die Situation an der Grenze zu diskutieren. Nachdem die letzte Grenzkommission 1856 ihre Arbeit beendet hatte, waren immer mehr Siedler in den Südwesten gezogen, um auf dem Land oder in den neu entdeckten Bergwerken unweit der Staatsgrenze zu arbeiten. Der genaue Grenzverlauf war vielerorts umstritten, was die Behörden beider Staaten vor große Probleme stellte. Hier und da wurde sogar der Vorwurf erhoben, Grenzmarkierungen, in den vorangegangenen Jahrzehnten für viel Geld errichtet, seien zerstört oder beseitigt worden.

In Washington beschloss man daraufhin die Einsetzung einer neuen Grenzkommission, der die folgenden Aufgaben oblagen: Sie sollte »a) den Zustand der existierenden Grenzmarkierungen untersuchen, b) die Anzahl der zerstörten oder entfernten Markierungen ermitteln, c) prüfen, an welchen besiedelten oder besiedelbaren Orten es sinnvoll wäre, den Abstand der Grenzmarkierungen zu verringern, und d) die Beschaffenheit der erforderlichen neuen Markierungen (Stein oder Eisen) und ihre ungefähre Anzahl ermitteln«. Sie sollte die Befugnis haben, inkorrekt platzierte oder abhandengekommene Markierungen zu ersetzen und »überall dort neue Markierungen einzurichten, wo dies im gegenseitigen Einvernehmen notwendig und ratsam erscheint«.

Entsprechend dem wachsenden Bedürfnis nach einer gut markierten und kontrollierbaren Grenze wurde festgelegt, dass zwischen zwei Markierungen ein maximaler Abstand von acht Kilometern bestehen sollte, der in besiedelten oder siedlungsfähigen Gegenden auch geringer sein konnte. Im Verlauf ihrer Arbeit stellte die Kommission fest, dass die ursprünglichen Grenzmarkierungen zumeist »simple Steinhaufen« waren und die Entfernung zwischen ihnen »in manchen Fällen 20 oder 30 Meilen betrug, einmal sogar 101 Meilen«. Einige waren komplett verschwunden, von Wind und Wetter weggezaubert oder von der Landschaft verschluckt, als hätten sie nie existiert.

Am Ende wurden dreiundvierzig der ursprünglichen Grenzmarkierungen repariert oder ersetzt und zweihundertfünfzehn neue Eisenmonumente errichtet. Im Bericht der Kommission wurde darauf hingewiesen, dass die 675 Meilen Grenze von der Pazifikküste bis zum Rio Grande nun zuverlässiger markiert seien als zuvor. Der durchschnittliche Abstand zwischen zwei Markierungen betrug nur noch 2,6 Meilen. Fortan würde jedermann, der die Grenze in Richtung Norden oder Süden überschritt, diese Linie deutlich markiert sehen, kleine Obelisken, die in den weiten Himmel zeigten.

Morales und ich nahmen zwei Männer fest, die ziellos durch die nächtliche Wüste wanderten, weit entfernt von jedem bekannten Pfad. Die Männer liefen nicht weg, sondern sanken auf die Knie und hielten im schwachen Schein unserer Taschenlampen die Hände über den Kopf. Ängstlich nickend folgten sie unseren Anweisungen. Während wir sie zum Streifenwagen führten, beobachtete ich ihren Gang – schwer und sinnentleert.

Vor der Wache sprachen wir mit den Männern und durchsuchten dabei ihre Sachen. Sie waren so alt wie wir, Mitte zwanzig, und kamen aus demselben Bergdorf in Oaxaca. Einer trug eine Baseballmütze, auf der ein stilisiertes Marihuana-Blatt prangte. Findest du es eigentlich cool, mit einer Marihuana-Mütze rumzulaufen?, fragte Morales. Der Mann guckte verwirrt. Mir war nicht klar, dass es eine Marihuana-Mütze ist, sagte er. Sie hatten nichts anderes im Angebot. Sein Gefährte, klein und untersetzt, hörte unruhig zu. Sieht so Marihuana aus?, fragte er.

Morales und ich durchwühlten die Rucksäcke der beiden, sortierten Flüssigkeiten aus, verderbliche Nahrungsmittel und alles, was als Waffe dienen konnte. In dem Rucksack, der dem Mann mit der Baseballmütze gehörte, fand Morales eine Tüte mit dick geschnittenem *Carne Seca*. Der Mann lächelte. Hab ich selbst gemacht, sagte er und richtete sich etwas auf. Morales schaute sehnsüchtig auf das Dörrfleisch. Probieren Sie, sagte der Mann – *no se echa a perder*. Danke nein, sagte Morales.

Im Rucksack des anderen entdeckte ich ganz unten eine Tüte mit Heuschrecken und eine zweite mit kleinen getrockneten Fischen. Der Mann kicherte. *Comida típica de Oaxaca,* sagte er. Probieren Sie die *chapulines,* sagte er und zeigte auf die Heuschrecken. Ich schüttete mir ein paar auf die Hand und warf sie mir nach einem kurzen Blick in Richtung Morales in den Mund. Die beiden Männer lachten. Nicht schlecht, sagte ich. Schmeckt wie Salz und Limette. Sie sollten auch die *charales* probieren, sagten die Männer eifrig und zeigten auf die getrockneten Fische. Die waren aber so salzig, dass ich das Gesicht verzog. Ich ermunterte Morales, ebenfalls zuzugreifen. Was soll' s, sagte er, ich nehm von dem Dörrfleisch. Eine Weile standen wir mit den Männern da, lachend und essend, und hörten uns ihre Erzählungen an.

Während Morales sich anschickte, die beiden auf die Wache zu bringen, sammelte ich die zu entsorgenden Sachen zusammen. Ich war schon im Begriff, eine kleine Wasserflasche in den Container zu werfen, als mir der untersetzte Mann zuflüsterte, dass ich sie nicht wegwerfen solle, es sei selbstgemachter Mezcal drin, auf der Ranch seiner Familie produziert. Sein Vater habe den Maguey in den umliegenden Bergen geerntet, der Schnaps sei sechs Monate gelagert. Jetzt sei er am besten. Stecken Sie die Flasche ein, sagt er. *No se echa a perder*.

Kurz vor Schichtende bat mich Morales, für zwei Mädchen zu dolmetschen, die gerade hereingebracht worden waren, zwei Schwestern, neun und zehn Jahre alt, die man mit zwei Frauen am Grenzübergang aufgegriffen hatte. Ich sollte ihnen die Standardfragen stellen: Wo ist eure Mutter? In Kalifornien. Wer sind die Frauen, die euch gebracht haben? Bekannte. Wo kommt ihr her? Sinaloa. Die Mädchen bombardierten mich ihrerseits mit Fragen: Wann können sie nach Hause? Wo sind die Frauen, die sie gefahren haben? Können sie mit ihrer Mutter telefonieren? Ich versuchte, ihnen alles zu erklären, aber sie waren zu jung, zu verängstigt, zu eingeschüchtert von all den uniformierten Männern. Ein Kollege brachte eine Tüte Skittles, aber noch immer konnten sie nicht lächeln, kein Wort des Dankes, sie standen einfach da und starrten völlig verschreckt auf die Bonbontüte.

Sobald die beiden in eine Zelle gesteckt worden waren, erklärte ich Mortenson, dass ich jetzt gehen müsse, meine Schicht sei beendet. Er sagte, ich würde noch gebraucht, man müsse die Frauen befragen, die mit den Mädchen aufgegriffen worden waren. Er bat mich, zu bleiben und zu dolmetschen. Das geht heute nicht mehr, ich muss nach Hause, erwiderte ich. Während der Heimfahrt versuchte ich, nicht an die Mädchen zu denken. Auf einmal zitterten meine Hände auf dem Lenkrad. Ich wollte meine Mutter anrufen, aber es war schon zu spät.

Mehrere Stunden nach Sonnenuntergang trafen Morales und ich an einem entlegenen Pfad ein, weil ein Sensor angeschlagen hatte. Langsam gingen wir im Sternenlicht über eine Gerölllandschaft, bis wir auf einen schmalen Pfad stießen, der von einem Bergpass herunterkam. Morales beugte sich vor, die Hand über dem Schirm seiner Mütze, und prüfte das Terrain im schwachen Lichtschein seiner Taschenlampe. Diese Fußspuren sind mehrere Tage alt, sagte er und schaute hinauf zu den Bergen, die sich schwarz abzeichneten. Ich bin sicher, wer immer den Sensor ausgelöst hat, ist noch immer dort oben und hält sich versteckt, flüsterte er.

Wir beschlossen, auf die Gruppe zu warten, und verbargen uns hinter einem knorrigen Mesquitebaum, Morales im Schneidersitz, ich ausgestreckt auf einem Stückchen Wüstenboden, das ich von Geröll befreit hatte. Morales strich mit den Händen über die Erde und begann, schwungvolle Linien zu zeichnen, während ich in den Nachthimmel schaute, fasziniert von der Milchstraße, die wie eine glitzernde Staubwolke am Himmel hing. Außer dem Sirren einer Grille und dem leisen Getrappel von Kängururatten waren keine anderen Geräusche zu hören. Einmal unterbrach ich die Stille und wisperte Morales zu, ob er die Sternschnuppe gesehen habe. *Si vato, lo vi.*

Nach einer weiteren Stunde tippte ich ihn an. *Qué?*, sagte Morales. Wie lange willst du denn noch bleiben?, fragte ich. Keine Ahnung, sagte er. Dann schwiegen wir wieder. In den Bergen sind bestimmt Kundschafter unterwegs, sagte ich schließlich. Sie müssen uns beobachtet haben. Morales warf ein Stückchen Holz auf die Erde. Vielleicht funktioniert der Sensor nicht richtig, sagte er. Wir könnten hinauflaufen in Richtung Pass. Wenn sie sich noch immer dort verstecken, können wir sie schnappen, und wenn nicht, könnten wir den Sensor überprüfen. Ich schüttelte den Kopf. Wenn es Kundschafter gibt, ist die Gruppe schon längst fort. Wenn es keine Kundschafter gibt und die Gruppe ist noch dort oben, werden sie uns schon von Weitem hören. Ich bin diesen Pfad mal mit Mortenson hinaufgestiegen, sagte ich. Die letzte Viertelmeile ist extrem steil und führt durch Schiefergeröll. Und wenn der Sensor nicht richtig funktioniert hat, sagte ich, dann ist das Ganze umso mehr Zeitverschwendung.

Wir kehrten zu unseren Fahrzeugen zurück. Ich blieb stehen, um noch einmal in den mondlosen Nachthimmel zu schauen. Morales ging an mir vorbei, entfernte sich. Als seine Schritte kaum noch zu hören waren, bemerkte ich einen winzigen Lichtpunkt, der sich langsam am schwarzen Himmel bewegte. Komm zurück, rief ich Morales hinterher, ohne den Kopf zu bewegen. Grummelnd näherte er sich. *Qué chingados quieres*? Schau mal, sagte ich und zeigte zum Himmel. Ich sehe nichts, sagte er. Ein Satellit, sagte ich, in der Nähe des Polarsterns. Ja, sagte Morales schließlich, jetzt seh ich ihn. *Cabrón*, hab ich noch nie gesehen, so etwas. Ich auch nicht, sagte ich. Wir starrten in den Himmel, überall Schweigen, auf den Anhöhen und den Bergen ringsum verborgene Gestalten, die dieselben Sterne sahen, kaum erkennbare Satelliten, die durch die Atmosphäre flogen, kleine Objekte auf ihrer Umlaufbahn am äußersten Rand unserer Welt.

Als der Funkspruch kam, dachte ich zuerst an den Gestank. Das ist das Schlimmste, hatten die älteren Kollegen oft gesagt, der Gestank. In der ersten Woche meiner praktischen Ausbildung hatte ein Kollege mir geraten, bei Einsätzen immer eine kleine Dose Wick VapoRub dabeizuhaben. Wenn du eine Leiche findest, sagte er, reibst dir das Zeug unter die Nase, sonst wirst du den Gestank tagelang nicht mehr los.

Am frühen Abend traf ich vor Ort ein. Es war noch immer heiß. Hart war schon seit einer halben Stunde bei der Leiche. Todeszeitpunkt vielleicht vor zwei Stunden, sagte er. Sie stinkt noch nicht. Hart war im Reservat von zwei Teenagern angehalten worden. Sie haben Felsbrocken auf die Straße gelegt, sagte er und zeigte verunsichert auf die Jungen. Er stand da, Hände in den Hosentaschen, und fragte mich dann, ob ich mit ihnen reden könne. Sie stellen mir andauernd Fragen, sagte er, ich verstehe sie nicht.

Einer der Jungen saß auf einem Felsbrocken, schien durcheinander. Ich fragte ihn, ob er den Toten kenne. *Es mio tío*, sagte er. Er starrte auf seine Hände. Wie alt bist du?, fragte ich. *Dieciséis.* Ich schaute zu seinem Freund, der in der Nähe stand, die Hände in den Hosentaschen. Und du? Er schaute hoch. *Diecinueve,* sagte er.

Der Tote und die beiden Jungen kamen aus demselben Dorf in Veracruz und hatten sich gemeinsam auf den Weg in den Norden gemacht. Der Neunzehnjährige, er war der Gesprächigere, erzählte, dass der Mann ein paar Stunden vor seinem Tod zwei Sedalmerck-Tabletten genommen habe, Koffeinpillen, die bei illegalen Migranten beliebt sind, weil sie Energie verleihen. Er habe sie mit selbst gebranntem Zuckerrohrschnaps runtergespült, den sie aus Veracruz mitgebracht hatten. Ein paar Stunden später, sagte der Junge, sei der Mann wie ein Betrunkener herumgetorkelt und dann zusammengebrochen.

Ich ging zu der Leiche. Hart hatte ein T-Shirt über den Kopf des Toten gelegt. Ich hob das Shirt an und betrachtete das Gesicht. Die Augen waren geschlossen, die Haare, lang und dunkel, sahen schon wie die eines Toten aus. Zwischen den geöffneten Lippen war weißer Schaum hervorgetreten, viele kleine rote Ameisen wanderten in ordentlichen Linien dorthin. Sein Hemd war seitlich hochgerutscht, am Unterleib hatte sich die Haut bläulich verfärbt. Mit der Schuhspitze bewegte ich vorsichtig den Arm, er war schon steif.

Der Neunzehnjährige berichtete, dass sie von der Gruppe getrennt worden seien. Der Führer hatte gesagt, sie sollten sich im Gelände verteilen, in den Büschen an der Straße verstecken und dort auf den Weitertransport warten. Sie mussten wohl zu weit gelaufen sein, sagte er, denn irgendwann hörten sie ein Auto, das anhielt und wieder weiterfuhr, und danach hätten sie niemanden mehr angetroffen. Sie liefen dann in der Augusthitze mehrere Kilometer die Straße entlang, bis sich der Mann schließlich hinlegte und starb. Die beiden Jungen warteten am Straßenrand, um eines der selten vorbeikommenden Autos auf sich aufmerksam zu machen, aber niemand hielt. Deshalb hätten sie die Steine auf die Straße gelegt, sagten sie, damit die Autos anhalten.

Die Jungen fragten mich, was mit dem Toten passieren werde, ob sie ihn ins Krankenhaus begleiten könnten. Ich sagte, dass das nicht ginge, dass sie bei uns bleiben müssten und nach Feststellung der Personalien wieder zur Grenze gebracht würden und dass die Leiche der Stammespolizei übergeben würde. Sie fragten, ob sie den Toten mitnehmen könnten, nach Mexiko, in ihr Dorf. Ich sagte, dass das nicht möglich sei, die Leiche würde hier zur Ermittlung der Todesursache vom zuständigen Gerichtsmediziner untersucht. Ich erklärte den Jungen, dass man sie zum Hauptquartier des Sektors bringen werde, dort würde sie der mexikanische Konsul besuchen, und der würde auch die Überführung des Verstorbenen nach Mexiko in die Wege leiten. Der Neffe des Mannes schaute die ganze Zeit zu Boden. Vielleicht kann euch der Konsul ein Dokument ausstellen, sagte ich, dann habt ihr etwas, was ihr mitnehmen könnt für eure Familie zu Hause.

Die Jungen wollten den Toten nicht zurücklassen. Und während ich ihnen die Prozedur erklärte, kamen mir schon Zweifel – nach all den Erfahrungen, die ich in meiner kurzen Zeit an der Grenze gemacht hatte –, ob sie den Konsul tatsächlich sehen würden, ob das Konsulat tatsächlich eine Überführung der Leiche nach Mexiko organisieren würde, ob sie überhaupt ein Papier bekämen, mit dessen Hilfe sie den Angehörigen würden erklären können, was ihm nördlich der Grenze zugestoßen war. Derweil war Hart erschienen, der die Jungen anwies, Gürtel und Schnürsenkel, Uhren, Halsketten und andere Schmucksacken abzugeben, Feuerzeuge, Stifte, Messer oder andere scharfe Gegenstände auf den Tisch zu packen. Ich warf Hart einen raschen Blick zu. Der Transporter ist schon unterwegs, sagte er.

Ein Polizist, noch jünger als Hart und ich, traf ein, um die beiden Jungen zurück zur Station zu bringen. Er hatte eine Kamera dabei, um die Leiche zu fotografieren. Ich bemerkte, dass der Neffe des Toten wie in Trance zuschaute, und erklärte ihm, dass die Fotos für die Berichte benötigt würden, die wir schreiben müssten. Er nickte, als habe er gehört und nichts verstanden, als wüsste er, dass dies von ihm erwartet wurde.

Bevor die beiden Jungen in den Transporter stiegen, sprach ich ihnen mein Beileid aus. Es ist hart, sagte ich. Wenn sie je beschlössen, wieder über die Grenze zu kommen, sagte ich, dann keinesfalls im Sommer. Es sei zu heiß, in der Hitze sei das lebensgefährlich. Und unter keinen Umständen sollten sie die Pillen nehmen, die die Schlepper verteilen, weil sie dem Körper Flüssigkeit entziehen. Ich sagte, dass viele Leute in der Wüste sterben, im Sommer jeden Tag, jahrein, jahraus, und noch viel mehr würden halb tot angetroffen. Die Jungen bedankten sich, wie mir schien, und wurden dann im Transporter weggefahren.

Es war spät geworden, als ich aufbrach, die tief stehende Sonne warf ein warmes Licht auf die Gewitterwolken, die sich im Süden auftürmten. Ich fuhr dem Gewitter entgegen, die Wüste und der Himmel darüber wurden immer dunkler. Als die ersten Regentropfen auf die Windschutzscheibe klatschten, hörte ich, wie Hart, der bei der Leiche geblieben war, über Funk mitgeteilt wurde, dass die Stammespolizei keine verfügbaren Leute habe und er deswegen noch ein Weilchen bei dem Toten bleiben müsse.

Am späten Abend, kurz vor Schichtende, sah ich Hart wieder in der Station. Auf meine Frage, was aus der Leiche geworden sei, sagte er, dass das Gewitter schließlich gekommen sei und er auf Anweisung der Zentrale den Toten zurückgelassen habe, weil die Stammespolizei erst am nächsten Tag jemanden vorbeischicken könne. Ist schon okay, sagte er, sie haben die Koordinaten. Ich fragte ihn, ob es komisch gewesen sei, im Dunkeln bei einem Toten auszuharren. Nein, eigentlich nicht, sagte er. Immerhin hat er noch nicht gestunken.

Wir redeten noch ein wenig über das Gewitter und über die Leiche, die dort in der Wüste lag, in der Dunkelheit und im Regen, wir redeten über die Tiere, die in der Nacht vielleicht kommen würden, über die Feuchtigkeit und die tödliche Hitze, die der nächste Tag bringen würde. Wir redeten, und dann fuhren wir nach Hause.

Nachts träume ich, dass ich mir die Zähne herausknirsche. Ich spucke die Brösel in die hohlen Hände und suche jemanden, dem ich sie zeigen kann, damit er sieht, was passiert.

All jene, die nach der Unterzeichnung des Vertrags von Guadalupe Hidalgo an der Vermessung der neuen Grenze zwischen den Vereinigten Staaten und Mexiko mitwirkten, äußerten sich über das ungewöhnliche Projekt und die überaus fremdartige Landschaft. In den Berichten der Kommission ist vom »willkürlich festgelegten« Grenzverlauf die Rede und von der »Unmöglichkeit« ihrer Arbeit. Einige Beteiligte wiesen daraufhin, dass »dieses Land, welches denen, die in weiter Ferne wohnen, als vollkommenes Paradies gilt, in Wahrheit eine unfruchtbare Wüste ist, absolut unbrauchbar für jeden anderen Zweck als den, eine Barriere oder natürliche Demarkationslinie zwischen zwei Nachbarstaaten darzustellen«. Nach dem Gadsden-Kauf bemerkte Lieutenant Nathaniel Michler gegenüber Commissioner William H. Emory, dass man sich »kein trostloseres, sterileres Land vorstellen kann … Wohin man auch schaut, überall sieht der Boden wie Ätzkalk aus, die Steine gleichen der Schlacke in einem Hochofen, nirgendwo Gras, nur eine kümmerliche Vegetation, die ein noch unangenehmerer Anblick ist als die ausgedörrte Erde.«

Über dreißig Jahre nach der ersten Vermessung wurde festgestellt, dass das Grenzland noch immer »dünn besiedelt« war, man verwies auf »die dornige Natur fast der gesamten Vegetation, die allgemeine Duftlosigkeit der Blumen, den harzigen Geruch der meisten Bäume und Sträucher«. Gigantische Kakteen wurden als »seltsame, unvorteilhafte, hilflos aussehende Objekte« mit »plumpen Ästen« bezeichnet. Mancherorts war das Grenzland »unbeschreiblich schön«, mit Bergen, »die aus den Ebenen aufsteigen wie Inseln aus dem Meer«, doch ansonsten war die Landschaft eine »trostlose Wüste, menschenleer und desolat«.

Der Trupp, der im Februar 1892 aus El Paso abreiste, um die Neuvermessung und Markierung der Grenze vorzunehmen, bestand aus etwa sechzig Personen, unter ihnen mehrere Kommissionsmitglieder, Ingenieure und Astronomen, aber auch ein Sekretär, ein Kanzleischreiber, ein Wagenmeister, ein Schmied, ein Quartiermeister, ein Tischler, ein Amtsarzt, ein

Schreiber, ein Fotograf, ein Geodät, ein Zeichner, ein Techniker, daneben Theodolitenträger, Gestängeleger, Signalposten, Fuhrleute, Packer, Köche und andere Hilfskräfte. Zum Transport der Ausrüstung standen dreiundachtzig Maultiere und vierzehn Sattelponys zur Verfügung. Außerdem hatte das US-Kriegsministerium eine Eskorte von zwanzig berittenen Soldaten und dreißig Infanteristen »zum Schutz vor Indianern und anderen Banditen« bereitgestellt.

»Für Männer und Tiere war die Expedition anfangs ungewohnt und strapaziös, doch schon bald hatten sich die meisten an das Leben im Feld gewöhnt, und die Arbeit machte rasch gute Fortschritte.« Zur Bestätigung des Grenzverlaufs ermittelten die Astronomen und ihre Helfer die geografische Breite, wobei die »Talcottsche Methode« zum Einsatz kam oder zehn Nächte lang mittels »telegraphischem Signalaustausch« dieselben Sterne von verschiedenen Positionen aus beobachtet wurden. Verwendet wurden außerdem Chronometer, Bullaugenlaternen, Maßband, ein Bessel-Sphäroid, ein Zenitteleskop mit Säulenstativ, ein Sextant mit Holzstativ sowie ein »mit Achsenlibellen und Tangentenschrauben versehener Fauth-Repetitionstheodolit«.

Regelmäßig wurden Arbeitstrupps zusammengestellt und per Eisenbahn oder Karawane losgeschickt, um Aufgaben an speziellen Abschnitten der Grenze in Angriff zu nehmen. Diese Trupps quartierten sich oft in neuen Siedlungen an der Grenze ein. Im Kommissionsbericht ist von der »Habgier und Verschlagenheit der amerikanischen Siedler« zu lesen und von der »Liebenswürdigkeit und Höflichkeit der mexikanischen Beamten«. Mitunter war das neu hinzugekommene Terrain so entlegen und unbekannt, dass Erkundungstrupps losgeschickt wurden, die zuverlässige Erkenntnisse »betreffend Wasser, Wege und die allgemeine topografische Beschaffenheit des Landes« gewinnen sollten. Ingenieure beschrieben die Landschaft als kahl und zerklüftet, öde und rau, durchsetzt mit steinigen Anhöhen und steil aufragenden, zerklüfteten Bergen aus geschichtetem Kalkstein und Porphyr, rotem Basalt und vulkanischem Gestein neben leeren Kratern und erloschenen Vulkanen inmitten von Lavageröll.

Auf ihrem Weg durch die entlegensten Wüstenregionen kamen die Vermessungstrupps an den Gräbern von Reisenden vorbei, die vor ihnen den Tod gefunden hatten. »An einem einzigen Tag«, hieß es in einem Bericht, »zählten wir fünfundsechzig solcher Gräber am Wegesrand. In einem lag eine komplette Familie, deren Pferde verendet waren und die, da sie die glühend heiße Wüste nicht zu Fuß durchqueren konnte, bis auf den letzten Mann verdurstet war. Die Leichen wurde von Reisenden in der darauffolgenden Regenzeit gefunden und in einem einzigen Grab bestattet, das mit einem Kreuz aus Steinen bedeckt ist.« Und von dem berüchtigten Camino del Diablo hieß es: »Während der wenigen Jahre, in denen dieser Weg stark frequentiert wurde«, also während des Goldrauschs in den 1850er- und 1860er-Jahren, »sollen mehr als vierhundert Personen verdurstet sein, ein für Nordamerika vermutlich beispielloser Rekord.«

Wie die Kommission betonte, war die Versorgung der Arbeitstrupps mit Wasser »das Hauptproblem der Vermessungsarbeiten in der Wüste. Alle andere Schwierigkeiten verblassten dagegen.« Aus dem Abschlussbericht ging hervor, dass der terrestrische Anteil der Grenze, »bei einer Gesamtlänge von etwa siebenhundert Meilen fünf ständig wasserführende Flüsse zwischen dem Rio Grande und dem Pazifik überquert«. Besonders detailliert wurde der Punkt beschrieben, wo die Grenze in den Rio Grande überging, »einen veränderlichen Strom mit schlammigem Wasser«. Die Ufer des Flusses bestünden »aufgrund seines enormen Sedimentreichtums aus alluvialen Ablagerungen«, weshalb sich »sein Bett erosionsbedingt unablässig verändert«. Es schien, als wollten die Vermessungsingenieure hervorheben, dass die Grenze, wie exakt sie im Gelände auch markiert sein mochte, dort, wo sie in der Mitte eines Flusses verlief, aufgrund der Launen der Natur permanent ihren Verlauf ändern werde.

Nach Schichtende wollte ich schon in meinen Pick-up einsteigen, als ich Mortenson mit einigen Kollegen vor der Waffenkammer stehen sah. Ich ging hinzu, begrüßte ihn und hörte dann, wie ein Agent namens Beech von seiner Zeit als Gefängniswärter erzählte. Wir hatten mal einen Typen, sagte er, der sich dauernd Verletzungen zufügte. Er hat echt den ganzen Tag an nichts anderes gedacht. Es gab praktisch nichts, womit er sich nicht verletzen konnte – Bleistifte, Plastikteile, Karton, alles kam in Frage. Sogar Zeitschriften. Eines Tages betrat ich seine Zelle, seine Unterarme waren übersät mit Schnitten, die er sich mit Papier zugefügt hatte, tausend kleine Bluttropfen, und der Kerl starrte mich einfach an wie ein Reh im Scheinwerferlicht. Mannomann, sagte Mortenson. Das war noch gar nichts, sagte Beech. Einmal komme ich in seine Zelle, und da sitzt der Typ, untenrum alles voller Blut. Er hatte sich den Schwanz mit einem angefeilten Plastiklöffel aufgeschnitten, echt. Die anderen Kollegen stöhnten laut, einer warf Beech eine leere Dose Monster Energy vor die Füße. Ach du Scheiße, rief ein anderer und presste die Hände an den Magen. Beech lachte. Was glaubt ihr, wie ich mich gefühlt habe. Hättet mich hören sollen, wie ich nach dem Sani gebrüllt habe.

Ein älterer Agent namens Navarro schob den Pistolengürtel unter seinen Hängebauch. Manche Leute sind halt so, sagte er kopfschüttelnd, *les vale madre*. Einige Agents nickten. Ich war im Irak mit einem durchgeknallten weißen Kid, sagte Navarro, hatte einen gepiercten Schwanz. Die Kameraden haben ihn fertiggemacht, weil er auf Heavy Metal stand und so komplett irre war. In unserer Einheit hieß er nur Marilyn Manson. Mortenson kicherte, aber Navarro sagte, wart's ab, es kommt noch schlimmer. Der Typ sah sich dauernd Pornohefte an, mit Tattoos und Piercings und so. Und eines Tages zeigt er mir das Foto von einem Schwanz, die Eichel der Länge nach aufgeschlitzt wie eine gespaltene Schlangenzunge. Ganz ernst sieht er mich an und sagt, das steht als Nächstes auf meinem Programm. Die Kollegen stöhnten auf, und derjenige, der Beech die Dose Monster vor die Füße geworfen hatte, rief Navarro zu: Hat er ihn dir gezeigt, oder was? Die anderen johlten. Navarro zog sich den Pistolengürtel wieder hoch und schüttelte den Kopf. Hatte keine Gelegenheit mehr, sagte er. Eine Woche später wurde er von einer Sprengladung erwischt, einfach so. Vor meinen Augen.

Die Agents schwiegen, einige schauten verlegen und beschämt zu Boden, doch Beech nickte Navarro zu, als wollte er ihm seine Anerkennung ausdrücken.

Morales hatte als Erster das Schreien in der Ferne gehört, weitab von der Piste. Nach ein, zwei Kilometern Fußmarsch fand er einen jungen Typen in hysterischem Zustand auf der Erde liegend. Mehr als vierundzwanzig Stunden war er in einem endlosen Mesquite-Dickicht herumgeirrt, dreißig Kilometer von der Grenze entfernt. Der Schlepper hatte ihm erklärt, dass er die Gruppe aufhalte, ihm eine kleine Flasche mit Wasser in die Hand gedrückt, auf eine Anhöhe in der Ferne gezeigt und gesagt, er solle in diese Richtung laufen, bis er auf eine Straße stoße.

Als ich eintraf, wälzte sich der Junge im Schatten und heulte wie ein Kind. Er war dick, die Hose mit dem geöffneten Schlitz hing ihm in den Kniekehlen, der Reißverschluss war kaputt, das Schlabberhemd, das er verkehrt herum trug, zerrissen und verschwitzt. Morales schaute lächelnd zu mir und wandte sich dann wieder dem Jungen zu. Hier, *gordo*, Wasser. Ich beugte mich hinunter zu ihm und reichte ihm einen Fünfliterkanister. Er nahm einen Schluck und fing sofort an, zu keuchen und zu stöhnen. Trink, sagte ich, aber langsam. Ich kann nicht, jammerte er, ich sterbe. Quatsch, sagte ich, du schwitzt ja noch.

Wir halfen ihm dann auf die Beine und ermunterten ihn, mit uns durch das Gestrüpp in Richtung Piste zu gehen. Er stolperte und schwankte und stöhnte hinter uns. *Ay oficial, no puedo*. Wir kämpften uns weiter voran, seine Panik machte mich nervös, aber schließlich kamen wir aus dem Dickicht, nicht mehr weit von der Piste entfernt. Siehst du die Autos dort, *gordo*? Schaffst du es bis dorthin? Vielleicht sollten wir dich einfach hierlassen, *no puedes, verdad*?

Während der Fahrt zur Station beruhigte sich der Junge allmählich. Er sagte, er sei achtzehn, er habe den Plan gefasst, nach Oregon zu gehen, um dort Heroin zu verkaufen, *un puño a la vez*. Er habe gehört, dass man damit viel Geld verdienen könne. Dann schwieg er wieder. Nach einer Weile sagte er, ich habe wirklich gedacht, dass ich in diesem Dickicht sterbe. Ich habe zu Gott gebetet, dass er mich rettet, zur Jungfrau Maria und zu den Heiligen, zu jedem Heiligen, den ich kenne. Schon komisch, sagte er, das hab ich noch nie gemacht. Ich bin kein gläubiger Mensch.

Schließlich besuchte ich Morales im Krankenhaus. Er war mit einer Schädelverletzung eingeliefert worden, die er sich bei einem Motorradunfall zugezogen hatte. Er hatte keinen Helm getragen, und eine Weile war nicht klar, ob er durchkommen würde. In der Woche, die er im Koma lag, hatte ich mich vor einem Besuch gefürchtet und selbst dann noch, als er aus dem Koma erwacht war, morgens fluchend sämtliche Schläuche herausriss und niemanden erkannte.

Als ich sein Zimmer betrat, war ich überrascht, wie dünn er war, wie schwach er aussah. Er hatte Blutergüsse unter den tief liegenden Augen, eine Ernährungssonde in der Nase, einen Infusionsschlauch im Arm und einen riesigen Verband über der linken Hälfte des kahlrasierten Schädels. *Ey vato,* flüsterte er. Hast eine klasse Frisur, sagte ich. Er schien weit weg, die Augen wanderten umher, als suche er einen Anhaltspunkt, als wolle er sich vergewissern, wo er war.

Sein alter Freund aus Douglas war auch anwesend. Er sagte mir, dass Morales auf dem linken Auge nicht sehen könne, das Sehvermögen nach Ansicht der Ärzte aber irgendwann wiederkehren werde. Morales' Eltern waren ebenfalls da, sie unterhielten sich leise auf Spanisch. Etwas später, nach dem Ende ihrer Schicht, kamen Cole und Hart, noch in Uniform. Sie beugten sich über ihn und versicherten ihm, dass er bald wieder seinen Dienst versehen werde, in alter Frische, genau wie früher. Ich sah, dass Coles Augen feucht geworden waren. Mit der Bitte, mich für einen Moment zu entschuldigen, verließ ich das Krankenzimmer.

Draußen auf dem Parkplatz versuchte ich, mich zu beruhigen. Ich musste an die Tränen in Coles Augen denken, an Morales' ziellosen Blick, an seine Eltern, die in der Ecke saßen und immer kleiner wurden, je mehr uniformierte Polizisten das Zimmer betraten und sich am Bett ihres Sohns versammelten. Mir wurde heiß im Gesicht, ich spürte, wie meine Augen feucht wurden. Die Sonne schien immer heller. Die Umrisse der Autos und Bäume zeichneten sich deutlich ab und verschwammen. Ich schloss die Augen, holte tief Luft. Ich beschloss, nicht zurückzugehen. Ich wollte nicht weinen.

Am Nachmittag fuhr ich hinaus zu den Lavafeldern, mehr als eine Stunde über steinige Anhöhen und durch lang gestreckte Täler. Die Erde wurde dunkler, kaum noch Büsche und Kakteen waren zu sehen. Im Süden unterstrichen helle Sanddünen den Fuß einer namenlosen Cordillera, die am Horizont zwischen Purpurrot und Lehmfarben changierte. Langsam fuhr ich über die Lava, sah schwarze Felsbrocken, die scheinbar feucht in der Nachmittagssonne schimmerten, genarbte Felsen aus einer Zeit, in der der Boden inmitten ausbrechender Vulkane schmolz und brodelte, aufriss und sich verschob und schließlich abkühlte.

Unterwegs auf einer Piste durch das Reservat wurde ich vom Fahrer eines überholenden Wagens zum Anhalten aufgefordert. Wir fuhren beide rechts ran und stiegen aus. Der Mann, hochgewachsen, langes Haar, stellte sich als Adam vor. Er schaute in die Ferne, während er mit mir sprach. Er sagte, er lebe mit seiner Familie in einem nahe gelegenen Dorf, einem Ort, der bei den Grenzschützern nur Vampirdorf hieß. Es seien Fahrzeuge durch das Dorf gekommen, die er keinem der Einwohner zuordnen konnte. Es ist ein kleines Dorf, sagte er, das nur von Indianern besucht wird. Wer nicht gerade Angehörige dort hat oder von dort kommt, hat keinen Grund, dorthin zu fahren.

Adams Frau stieg aus dem Wagen, kam näher und stellte sich zu ihrem Mann. Und wenn sie sich nicht gerade die Haare aus dem Gesicht strich, schob sie die Hände in die Hosentaschen. Sie wandte sich an mich, sprach langsam, schien ihre Worte mit Bedacht zu wählen. Heute Morgen, sagte sie, kurz nachdem Adam zur Arbeit gefahren war, standen mehrere Männer vor unserer Tür. Ich war allein – nur ich und unser Sohn waren im Haus. Sie zeigte mit zitternder Hand auf das Auto, in dem der Sohn saß und mit einer verformten Figur spielte. Er trug eine Brille, wie sein Vater, und saß plötzlich ganz verkrampft da, als müsse er einen inneren Dämon in Schach halten. Er warf den Kopf hin und her, sah dann zu uns, die Augen hinter den dicken Brillengläsern übertrieben groß, den Mund weit geöffnet, als würde er vor Schmerzen schreien.

Die Männer an der Tür haben um Wasser gebeten, fuhr Adams Frau fort, aber sie trugen keine Rucksäcke, sie sahen nicht wie normale Migranten aus. Wie meinen Sie das?, fragte ich. Wir leben dreißig Kilometer von der Grenze entfernt, sagte sie, ständig kommen hilflose Migranten durch unser Dorf. Aber diese Männer sahen anders aus, überhaupt nicht verloren. Sie waren nicht müde, nicht verängstigt. Sie trugen Tarnfleckhosen und keine Rucksäcke. Sonst haben die Leute immer Rucksäcke.

Wissen Sie, wenn Leute vor unserer Tür stehen, geben wir ihnen Wasser und rufen sofort den Grenzschutz, die Männer sitzen einfach da und warten darauf, dass sie abgeholt werden. Sie wollen einfach raus aus der Wüste. Aber diese Männer regten sich furchtbar auf, als ich erwähnte, dass ich den Grenzschutz anrufen werde. Besser nicht, sagten sie. Und dann wollten sie etwas zu essen haben und noch mehr Wasser. Ich fühlte mich unter Druck gesetzt, also gab ich ihnen, was sie verlangten, und damit verschwanden sie dann wieder in der Wüste.

Bei uns ist schon öfter eingebrochen worden, sagte Adam, wenn wir nicht da waren. Die Leute stellen das ganze Haus auf den Kopf, als würden sie nach Waffen suchen oder so. Sie hinterlassen ein Chaos, aber Esssachen sind das Einzige, was sie mitnehmen. Und immer läuft das Wasser, nie drehen sie den Wasserhahn zu.

Adams Frau fuhr mit ihrer Geschichte fort. Später hörte ich laute Geräusche in der Wüste, es klang wie das Knacken großer Äste. Es war so laut, dass der Junge davon wach wurde. Ein, zwei Stunden später sah ich einen Minivan bei uns vorbeifahren, der dann neben der Kirche stehen blieb, hatte wohl einen Defekt, denn aus der Motorhaube qualmte es. Zwei Männer stiegen aus, ein Mexikaner und ein Indianer, und gingen von Haus zu Haus. In dem Moment habe ich Adam auf der Arbeit angerufen.

Ich habe ihr gesagt, sie soll das Haus gut abschließen, die Jalousien runterlassen und auf mich warten. Diesen Van hatten wir noch nie gesehen, wissen Sie, er steht immer noch vor der Kirche. Ich werde ihn mir mal anschauen und checken, ob was vorliegt, sagte ich schließlich. Wenn Sie mir Ihre Nummer geben, kann ich Sie anrufen, falls ich etwas finde. Und damit fuhren Adam und seine Frau davon.

Wenig später stoppte ich unweit des Dorfes einen Wagen mit drei Insassen, der langsam in Richtung Norden unterwegs war. Am Steuer saß ein kahl geschorener Mexikaner, der etwas Hartes ausstrahlte. Er war stark tätowiert, am Rand des linken Auges hingen zwei Tintentränen. Neben ihm saß ein betrunkener, zahnloser Mann, der, nach seinem Namen befragt, mir erklärte, dass ich Michael Jackson zu ihm sagen könne. Alle drei brüllten vor Lachen. Kleiner Scherz, sagte er, ich bin ein Indianer. Alle lachten wieder, diesmal noch lauter.

Ich bat die Frau auf dem Rücksitz um ihren Ausweis, als sie nach ihrer Handtasche griff, sagte ich, ganz langsam, ich möchte keine Waffe sehen. Sie schaute mich an und lachte, die beiden Männer lachten ebenfalls, noch lauter als zuvor, in einer Weise, dass mir schlecht wurde. Von der Zentrale, der ich die Daten durchgegeben hatte, erfuhr ich, dass gegen den Betrunkenen ein Haftbefehl wegen Drogenschmuggels vorlag. Ich wies darauf hin, dass der Mann ein Indianer sei, und bat darum, die Stammespolizei vorbeizuschicken.

Anschließend forderte ich den Betrunkenen auf, auszusteigen und mich zum Streifenwagen zu begleiten. Gegen Sie liegt ein Haftbefehl vor, sagte ich. Kein Problem, sagte er. Ich werde Ihnen Handschellen anlegen, und Sie werden auf dem Rücksitz des Streifenwagens so lange sitzen bleiben, bis die Sache geklärt ist, haben Sie verstanden? Ist okay, sagte er, schwankend. Ich schloss ihn hinten ein und sah, wie er sich vorbeugte und anfing zu weinen.

Dann wandte ich mich wieder dem Kahlgeschorenen zu

und sagte, dass ich sein Fahrzeug durchsuchen wolle, ob er damit einverstanden sei, woraufhin er mich böse anfunkelte. Hör zu, du Penner, mir ist egal, wie du mich ansiehst, aber mit dem Haftbefehl gegen deinen Kumpel habe ich guten Grund, deinen Wagen zu durchsuchen, auch ohne deine Zustimmung. Der Mann zuckte mit den Schultern. Der Wagen gehört ihr, sagte er, und wies mit einer Kopfbewegung nach hinten. Machen Sie doch, was Sie wollen. Ich befahl ihm, auszusteigen, woraufhin die Frau leise lachte. Der Mann stellte sich breitbeinig hin, legte die Hände auf das Fahrzeug und starrte gläsernen Blicks in die Ferne. Ich entdeckte ein Messer in seiner Hosentasche, sah zu ihm auf und bemerkte in dem Moment, dass er einen Polizei-Pick-up in der Ferne beobachtete, der in einer Staubwolke näher kam.

Der Stammespolizist, höchstens neunzehn Jahre alt, stand mit dem tätowierten Mann und der lachenden Frau am Straßenrand, während ich ihr Fahrzeug ergebnislos durchsuchte. Ich warf dem Mann die Autoschlüssel zu. Ihr beiden könnt weiterfahren, sagte ich, Michael Jackson bleibt hier. Die Frau ging zurück zum Wagen, der Mann grinste nur, ein Funkeln in den Augen. Während sich der Wagen langsam entfernte, fragte ich den Stammespolizisten, was mit dem Betrunkenen geschehen würde. Also, es ist so, sagte er, ich habe gerade von meinem Vorgesetzten gehört, dass der Haftbefehl nur in dem Staat vollstreckt werden kann, wo er ausgestellt wurde. Der Mann hat Glück, dass Sie ihn hier im Reservat angehalten haben. Ich schüttelte den Kopf, doch der Polizist zuckte nur mit den Schultern. Weil er aber stockbetrunken ist, werde ich ihn mit auf die Wache nehmen, bis er wieder nüchtern ist oder jemand vorbeikommt und ihn abholt.

Es war dunkel geworden, als ich schließlich die Piste in Richtung Vampirdorf entlangfuhr. Der Ort schien menschenleer, nirgendwo sah ich Licht, außer einer Lampe, die vor der Adobe-Kirche hing. Der Minivan, von dem Adams Frau gesprochen hatte, stand noch immer da, staubbedeckt, ringsum Fußspuren. Ich ließ Kennzeichen und Fahrzeugnummer überprüfen, aber es lag nichts vor. Durch die getönten Fensterscheiben konnte ich erkennen, dass die Rücksitze herausgenommen worden waren. Innen sah es chaotisch aus, haufenweise Sisalschnüre und leere Wasserflaschen, auf dem Boden zwei Ersatzreifen und eine Ersatzbatterie, Flickzeug und mehrere Dosen Fix-a-Flat. Ich verfolgte die Reifenspuren durch das leere Dorf bis zu der schmalen Piste, die an Adams Haus vorbeiführte. In der Wüste dahinter sah ich mehrere Stellen, wo der Wagen über Gestrüpp gefahren und Äste aus dem Weg geräumt worden waren. Am Ende der Piste führten die Reifenspuren weiter in die offene Wüste, das Terrain war nun steinig und schwer zu überprüfen. Im Licht meiner Taschenlampe suchte ich nach Fußabdrücken und weggerollten Steinen und schaute, ob in dem Gestrüpp am Rande des Washs schwarz gefärbte Wasserflaschen und Pakete zu sehen waren. Ich blieb stehen, knipste die Taschenlampe aus, horchte. Ich wusste, dass die Männer in Tarnfleck irgendwo da draußen in der Wüste waren. Ich wusste, dass sie ihre Fracht aus dem defekten Van mitgenommen und in irgendeinem Dickicht oder nahe gelegenen Wash deponiert hatten und nun auf den geeigneten Moment warteten, sie in ein anderes ausgebautes Fahrzeug zu laden und weiterzutransportieren. Und letztlich wusste ich auch, dass ich sie nicht finden würde.

Bevor ich zur Station zurückfuhr, rief ich Adam unter der

Nummer an, die er mir gegeben hatte. Er war zu Hause, im Hintergrund konnte ich seinen Sohn plärren hören. Ich berichtete, dass die Überprüfung des Vans nichts ergeben hatte, dass ich die Umgebung südlich seines Hauses abgesucht, aber nichts gefunden hatte. Ich riet ihm, die Station anzurufen, wenn die Männer wiederkämen oder erneut ungewöhnliche Geräusche in der Wüste zu hören wären. Adam schwieg eine Weile und bedankte sich dann. Ich konnte die leise Stimme seiner Frau hören und wusste, dass sie noch immer Angst hatte. Ich fragte mich, ob meine Rücksichtnahme unangebracht war, ob ich ihnen sagen sollte, dass ich die Männer von dem Van gesehen hatte, dass sie noch immer in der Umgebung waren und dass auch die Männer in Flecktarn draußen unterwegs waren und alle wieder auftauchen würden, dass sie sich gut an sein Haus erinnern würden, an seine Frau und ihr Misstrauen. Am liebsten hätte ich ihm gesagt, er solle mit seiner jungen Familie wegziehen, sich ein neues Zuhause suchen, weit weg von der Grenze, fern von Drogenrouten und Schmugglerpfaden. Ich überlegte, was ich ihm sagen sollte. Schließlich fragte ich ihn, warum sein Dorf überall Vampirdorf hieß. Nach einer Weile sagte er, dass er das nicht wisse. Er kicherte, lachte dann, und auch ich lachte, weil mir nichts Besseres einfiel. Ich lachte, das Telefon am Ohr, und wartete, dass er noch etwas sagen würde.

Während der Heimfahrt nach Schichtende bemerkte ich in der Dunkelheit einen Mann, der in meiner Straße an einer Ecke herumlungerte. Es war vielleicht zwei, halb drei Uhr nachts. Der Mann stand allein unter der Straßenlaterne, als wartete er auf jemanden. Im Scheinwerferlicht konnte ich sehen, dass er tätowiert und kahl geschoren war. Er sah meinem Pick-up hinterher, und plötzlich hatte ich das unangenehme Gefühl, dass ich es war, auf den er wartete.

Ich fuhr an meinem Haus vorbei und bog nach mehreren Blocks in eine Seitenstraße ein, fuhr immer weiter, langsam, ziellos. Doch bald erschien mir das idiotisch, und ich kehrte wieder um. Dort, wo der Mann gestanden hatte, war niemand, ich sah nur den leeren, rissigen Bürgersteig im gelben Schein der Straßenlaterne. Ich fuhr einmal um den Block und sah noch immer niemanden, bog daraufhin auf den Weg hinter meinem Haus ein und näherte mich mit abgeschalteten Scheinwerfern der Einfahrt.

Ich stieg rasch aus, ließ alle Sachen im Wagen, betrat das Haus, ohne Licht zu machen, und ging, noch immer in Uniform, durch alle Zimmer. Ich rief die Polizei auf meinem Handy an, während ich in der Küche auf und ab ging, und berichtete von dem Mann, den ich vor meinem Haus gesehen hatte. Ich arbeite beim Grenzschutz, sagte ich. Oh, sagte die Stimme am anderen Ende, wir schicken sofort jemanden vorbei. Ich legte auf, stand in der Dunkelheit meines Wohnzimmers und spähte durch die Jalousie auf eine leere Straße.

Ich fuhr allein hinaus zum Schießstand. Ein kalter Wind fegte über das Gelände, sodass ich den Zielscheibenständer mit ein paar Steinen sicherte, damit er nicht umfiel. Dann nahm ich ein Stück Karton und tackerte ein großes Blatt Papier darauf, das die graue Silhouette eines Mannes zeigte, um dessen Brust sich konzentrische Ringe zogen. Ich schoss aus verschiedenen Entfernungen – drei Meter, sieben Meter, fünfzehn Meter, fünfundzwanzig Meter. Ich übte das Schießen mit beiden

Händen, mit einer Hand, Standbein rechts, Standbein links, kniend, aus der Hüfte und auf beiden Seiten einer Barrikade.

Dann schoss ich mit meiner privaten 22er Pistole auf ein kleineres Ziel. Während ich gerade nachlud, landete ein gelber Vogel oben auf dem Zielscheibenständer. Ich wartete darauf, dass er wieder fortflog, doch er hüpfte nur hin und her. Ich trat näher, um ihn zu verscheuchen, blieb dann aber stehen und sah mich um. Kein Mensch war auf dem Gelände. Da kam mir der Gedanke, dass ich auf den Vogel schießen könnte, um mir zu beweisen, dass ich ein Leben beenden konnte, und sei es nur ein so kleines.

Ich erwischte das Vögelchen mit einem Schuss, ging nach vorn und hob es auf. Das leblose Tier in meiner Hand schien schwerelos zu sein. Ich fuhr mit der Fingerspitze über das gelbe Gefieder. Da wurde mir übel, und ich fragte mich für einen kurzen Moment, ob ich im Begriff war, den Verstand zu verlieren. Am Rand des Schießstands begrub ich den toten Vogel unter einem Kreosotbusch und legte ein paar Steine auf die frische Erde.

Am 24. Dezember um Mitternacht, kurz vor Schichtende, hörte ich Schüsse auf der mexikanischen Seite. Ich hielt auf einer kleinen Anhöhe und kletterte aufs Dach, um die glitzernden Feuerwerksfontänen am südlichen Horizont zu beobachten.

Nach Hause zurückgekehrt, weckte ich meine Mutter, die zu Weihnachten wieder auf Besuch gekommen war. Ihre Augen waren müde und sorgengerötet. Wir saßen bis in die frühen Morgenstunden beieinander, plauderten, tranken Eggnog und schmückten einen Plastikbaum mit Popcorn. Meine Mutter fragte, wie die Schicht gewesen war. Gut, sagte ich. Ob mir die Arbeit Spaß mache, ob ich all die Dinge lerne, die ich lernen wollte. Ich wusste, worauf sie hinauswollte, hatte aber nicht die Energie, mich auf diese Diskussion einzulassen. Es geht doch nicht darum, dass die Arbeit Spaß macht, sagte ich. Ich habe nicht die Zeit, mir den Kopf darüber zu zerbrechen. Ein resignierter Ausdruck trat auf das Gesicht meiner Mutter. Es ist mein Job, ich versuche, mich daran zu gewöhnen, ihn möglichst gut zu machen. Was das bedeutet, damit kann ich mich später auseinandersetzen.

Ich mache mir nicht nur um deine Sicherheit Sorgen, sagte meine Mutter. Ich weiß, dass man in einem Job die Orientierung verlieren kann, dass die Seele Schaden nimmt, wenn man in einer Organisation funktionieren muss. Du hast mich mal gefragt, wie ich meinen Beruf im Nachhinein sehe. Also, der Park Service ist eine Institution, eine ehrbare, aber eben doch eine Institution. Wenn ich ehrlich sein soll, würde ich sagen, dass mir im Laufe der Jahre der Sinn meiner Tätigkeit abhandengekommen ist, obwohl ich viel im Freien war, an all den Orten, die mir wichtig waren. Der Staat hat meine Leidenschaft für seine eigenen Zwecke benutzt. Ich möchte nicht, dass dir das passiert.

Ich war zu müde, um über meine Leidenschaft nachzudenken oder über den Sinn meines Tuns, ich brachte es nicht fertig, meiner Mutter von meinen Träumen zu erzählen, von den Leichen und den zerbröselnden Zähnen, von dem Vogel, den ich unter dem Kreosotbusch begraben hatte, von meinen zitternden Händen auf dem Lenkrad. Mom, sagte ich, lass uns die Geschenke auspacken.

Nach Einbruch der Dunkelheit machte der Pick-up mit dem Nachtsichtgerät eine zwanzigköpfige Gruppe aus, die in Richtung Bombenabwurfgelände zog. Der Kollege meinte, dass sich die Leute langsam bewegten und dass offenbar Frauen und Kinder darunter seien. Er dirigierte uns in die Nähe, rasch fanden wir ihre Spuren und verloren sie wieder auf dem steinharten Boden. Wir teilten uns auf und durchkämmten das hügelige Terrain, achteten auf Zehenabdrücke und zur Seite getretene Steine. Ich suchte verzweifelt nach Spuren und dachte dabei an die weite Entfernung bis zum nächsten Highway, wo die Gruppe eine Chance hätte, Hilfe zu erhalten. Auf dem Rückweg zu unserem Fahrzeug packte mich die Wut. Zwanzig Personen sollten es sein, die sich angeblich langsam voranbewegten, aber ich konnte keine Spur finden, konnte sie nicht einmal in der Ferne hören, und so blieben sie also draußen in der Wüste – Männer, Frauen und Kinder, ganze Familien, unsichtbar, ungehört. Und ich konnte ihnen nicht helfen, konnte nicht verhindern, dass sie durch die Nacht irrten.

II

Meine Mutter hat mich nach Franziskus von Assisi genannt, dem Schutzpatron der Tiere. Abends vor dem Einschlafen las sie mir aus den *Fioretti* vor, einer mittelalterlichen Legendensammlung über das Leben des Heiligen. Sie erzählte mir von seiner Vogelpredigt, vom Armutsorden und von der ersten Krippenszene, die der heilige Franz in einer Grotte oberhalb des Bergdorfs Greccio mit lebenden Tieren aufführte. Sie las mir auch die Geschichte vom schrecklichen Wolf vor, der in der Umgebung der Stadt Gubbio sein Unwesen trieb und Menschen und Tiere fraß, die ihm in den Weg kamen. Die Bürger von Gubbio waren »in Angst und Schrecken und gingen nur bewaffnet, als würden sie in eine Schlacht ziehen. Weil sie sich vor dem Wolf fürchteten, wagten sie sich nicht hinaus vor die Stadt.«

Der heilige Franz, der sich zu jener Zeit in Gubbio aufhielt, erklärte, dass er sich zur Höhle des Wolfs begeben werde. Mit ein paar Freunden, die seine Begegnung mit dem Wolf aus der Ferne beobachten wollten, machte er sich auf den Weg. Das Tier kam ihm mit aufgerissenem Maul und bösartig blitzenden Augen entgegengelaufen, doch der heilige Franz machte das Kreuzzeichen, woraufhin der Wolf das Maul schloss und sich ihm folgsam zu Füßen legte. »Bruder Wolf«, sagte Franz, »du richtest viel Schaden in der Gegend an, hast Gottes Geschöpfe erbarmungslos umgebracht. Ja, nicht nur Tiere tötest du, du hast es sogar gewagt, Menschen zu fressen.« Wie zur Bestätigung nickte der Wolf mit dem Kopf. »Alle klagen über dich und sind dir böse, und die ganze Gegend ist dir feind. Doch jetzt, Bruder Wolf, will ich Frieden stiften zwischen dir und den Leuten.«

Der heilige Franz schlug dem Wolf einen Vertrag vor: Er solle versprechen, nie mehr einen Menschen zu bedrohen, und dafür würden die Bürger von Gubbio bis an sein Lebensende für seine tägliche Kost sorgen. »Nie mehr sollst du Hunger leiden«, versprach er dem Wolf, »denn ich weiß, du tust das Böse nur, weil dich der Hunger treibt.« Franz hielt ihm die Hand hin und fragte, ob er bereit sei, das Versprechen einzuhalten und darauf zu schwören. Das Einverständnis des Wolfs ist im Laufe der Jahrhunderte in vielerlei Gemälden, Illustrationen, Fresken und Statuen dargestellt worden. Sie zeigen uns, wie er den Kopf neigt, die Vorderpfote in die Hand des heiligen Franziskus legt, auf den Hinterbeinen steht und sich an seine Brust schmiegt, als wolle er ihm das Gesicht ablecken.

Der Zahnarzt führte einen kleinen Spiegel in meine Mundhöhle ein, hielt ihn hierhin und dorthin und schabte mit einem langen metallischen Instrument an Zähnen und Zahnfleischrand. Nach einer ganzen Weile sagte er: Wissen Sie, dass Sie ein Knirscher sind? Ich starrte ihn an. Pardon? Sie knirschen mit den Zähnen, sagte er. Wussten Sie das? Nein, sagte ich, das wusste ich nicht. Also, das sieht alles nicht besonders gut aus. Eine eigentümliche Panik stieg in mir auf. Das war mir nicht klar, sagte ich. Keine Sorge, das ist ziemlich verbreitet, sagte er. Mir scheint aber, dass Sie erst in den letzten Jahren damit angefangen haben – in Ihrer Patientenkartei steht nämlich nichts davon.

Was machen Sie beruflich?, fragte der Zahnarzt. Ich bin beim Grenzschutz. Wow, sagte er, das muss aufregend sein. Wo sind Sie denn stationiert – hier in Tucson oder in der Wüste? Ich überlegte kurz, wie viel ich ihm sagen sollte, wusste nicht recht, ob er mich aushorchen wollte oder einfach nur freundlich war. Bis vor wenigen Wochen war ich Field Agent, sagte ich, draußen in der Pampa, ein paar Stunden von hier entfernt. Aber seit Kurzem arbeite ich hier in der Stadt in der Direktion des Abschnitts. Nachrichtenabteilung. Aha, sagte der Zahnarzt. Ist die Arbeit stressig? Das Knirschen ist auf Stress zurückzuführen. Die Frage überraschte mich, noch nie hatte mich jemand so direkt gefragt. Ich dachte nach. Nein, es ist nicht stressig, sagte ich. Hmm, sagte der Zahnarzt, ich habe einen etwas anderen Eindruck. Ich musste an meine Träume denken. Na ja, sagte ich, der Außendienst war manchmal ziemlich heftig, aber jetzt sitze ich nur noch am Computer.

Der Zahnarzt notierte schweigend etwas in meiner Kartei. Und warum sind Sie in den Innendienst gewechselt?, fragte er.

Werden Sie sich nicht langweilen? Ich fing an, mich über seine Fragen zu ärgern, hatte das Gefühl, dass er mich für feige oder unsicher hielt. Es ist eine Art Beförderung, sagte ich, es bietet mir die Chance, Neues zu lernen, beruflich weiterzukommen, verstehen Sie. Der Zahnarzt zuckte mit den Schultern. Ich hatte früher einen Bürojob, am Computer kann man nicht sehr viel lernen. Ich wusste nicht, was ich darauf antworten sollte. Schließlich sagte ich, dass ich gern eine Weile in der Stadt leben würde, die Abwechslung würde mir guttun. Okay, okay, sagte er, das kann ich verstehen. Ich möchte nur nicht, dass Sie Ihre Zähne kaputt knirschen.

Hayward führte uns in unseren neuen Job ein. Wir waren sechs Kollegen, die aus verschiedenen Stationen des Grenzabschnitts an die neue Nachrichtenzentrale versetzt worden waren, die meisten mit weniger als fünf Jahren Berufserfahrung. Hayward besorgte uns neue Namensschilder, machte uns mit dem schlüssellosen Zugangssystem vertraut und zeigte uns alles. Hier sieht's aus wie im NASA-Kontrollzentrum, scherzte er. Der Raum war ein fensterloses Gewölbe, verbrauchte Luft strömte aus summenden Ventilationsschächten. Zahlreiche Computerarbeitsplätze mit Doppelmonitoren befanden sich vor einer Wand von Fernsehbildschirmen, die verschiedene Live-Bilder übertrugen, Echtzeit-Karten und aktuelle Meldungen der großen Kabelsender anzeigten.

Hier haben wir alles im Blick, sagte Hayward. Sie werden rund um die Uhr ein detailliertes Schichtprotokoll führen und täglich Berichte für die Stationschefs unseres Abschnitts schreiben, damit sie über die wichtigsten Vorkommnisse informiert sind. Sie werden Telefonate von den Stationen entgegennehmen und E-Mails beantworten. Sie werden Erkenntnisse und Lageberichte sammeln und weiterleiten, die Errichtung und den Abbau von Straßensperren und Checkpoints protokollieren, Sie werden Wetterereignisse wie größere Gewitter und Brände beobachten und so weiter und so fort. Sie wissen, was ich meine. Hauptsächlich geht es darum, über die wichtigsten Vorkommnisse vor Ort informiert zu sein – Schießereien, bei denen Kollegen beteiligt sind, Tote, größere Drogenfunde, Beschlagnahmungen von Waffen, Festnahmen von bekannten Verbrechern und Kartellangehörigen, solche Dinge. Sie werden von den Stationschefs informiert werden und den Zeitpunkt des Ereignisses, die GPS-Koordinaten und den Dienstgrad der beteiligten Agenten notieren und jeden Zwischenfall kurz protokollieren. Alles andere ist im Grunde Routine. Sie werden viel Leerlauf haben, aber es tauchen hier regelmäßig hohe Tiere aus dem Abschnitt auf, also tun Sie beschäftigt, erscheinen Sie mit geputzten Schuhen und gebügelter Uniform und vergessen Sie nicht, die Leute mit Sir und Madam anzureden.

Draußen vor dem Gebäude richtete Hayward noch ein persönliches Wort an uns, bevor er uns entließ. Jungs, ihr kommt direkt aus dem Außendienst, in der ersten Zeit werdet ihr das alles wahrscheinlich stinklangweilig finden. Jedenfalls ist es mir so gegangen. Ihm habe es draußen im Feld besser gefallen, aber seine Frau wolle wieder zurück nach Nord-Virginia. Ich will euch nichts vormachen, sagte er, ich werde versuchen, hier über kurz oder lang die Fliege zu machen. Als Supervisor habe ich hier viele Möglichkeiten – gute Beförderungsaussichten. Vielleicht hilft es sogar, und irgendwann landen meine Frau und ich in Washington, und genau deswegen bin ich hier. Aber auch für euch gibt es viele Möglichkeiten, es ist ein guter Ausgangspunkt, wenn ihr Karriere machen oder in der Nachrichtenabteilung bleiben wollt. Und vergesst nicht, ihr habt eine Fünftagewoche und lebt in der Stadt. Und wir haben Klimaanlage, rief ein Agent. Genau, sagte Hayward, es geht nichts über eine Klimaanlage.

Jeden Tag kam eine E-Mail von der Antidrogenbehörde DEA, mit Fotos und exzerpierten Meldungen amerikanischer und mexikanischer Medien über die jüngsten Aktivitäten von Drogenkartellen in beiden Ländern. Die Fotos zeigten Leichen, zerlegt, die Einzelteile verstreut, wild durcheinandergeworfen, versteckt oder ausgestellt, als sollte ein brutales uraltes Ritual befolgt werden. Die Gesichter der Opfer waren totenstarr, gleichsam identitätslos, unpersönlich, losgelöst von dem dazugehörigen Körper und den sozialen Beziehungen, die sie geprägt hatten.

Jede E-Mail war in Telegrammstil formuliert, enthielt wenig mehr als eine Ortsangabe, gefolgt von einer kurzen Darstellung des Verbrechens, das dort stattgefunden hatte. Acapulco, Guerrero: Zwei Leichen, dreiundzwanzig Einzelteile, unweit einer Karaoke-Bar, abgetrennte Köpfe, an roten Absperrseilen aufgehängt, gehäutete und gepfählte Gesichter. Nuevo Laredo, Tamaulipas: Vier verstümmelte Leichen, ausgestellt in einem belebten Viertel, versehen mit einer Botschaft der Narcos: »Das ist mein Schicksal, weil ich ein Spitzel und ein Feigling bin, aber ich schwöre, es wird nie wieder vorkommen.« Tepic, Nayarit: Zwei nicht identifizierte Männer, exekutiert und vor einem Geschäft drapiert, offenbar bei lebendigem Leib gehäutet, bevor man ihnen das Herz herausriss. Mexiko-Stadt: Geköpfter Mann am Steuer eines Pick-ups vor Grundschule, Kopf auf Armaturenbrett. Zihuatanejo, Guerrero: Zwei Leichen nahe Hauptstraße, dazu Botschaft der Narcos: »Hier ist euer Müll, bitte Nachschub schicken.«

Ich träume, dass ich die Zähne zusammenbeiße, ich kann nicht aufhören, kriege die Kiefer nicht mehr auseinander. Ich presse und presse, es entsteht ein irrsinniger Druck. Und dann, zunächst ganz langsam, brechen meine Backenzähne auseinander.

Ich träume, dass ein Stück Zahn abgebrochen ist. Ich halte den scharfkantigen Splitter in der Hand, spüre, dass andere Zähne ebenfalls zerbröseln. Ich halte den Mund geschlossen, damit ich die Einzelteile nicht verliere, bis es schließlich so viele sind, dass ich sie in die Hand spucke. Ich sehe es und bin verzweifelt.

Ich träume, dass ich mit den Kiefern mahle, hin und her, dass meine Zähne über eine faulende Oberfläche schleifen, langsam hängen bleiben und zerbrechen.

Ich träume, dass sich jedes Mal, wenn ich den Mund schließe, die oberen Zähne in den unteren verhaken. Ich versuche, die Kiefer vorsichtig zu lösen, sie auseinanderzubekommen, aber die Zähne schleifen aneinander, zerbrechen und zerkrümeln im Mund.

Ich träume, dass meine Backenzähne in Stücke gehen und meinen Mund füllen wie hart gewordene Erdklumpen.

Ich träume, dass ich vor der Praxis meines Zahnarztes stehe, ich presse die Zähne aufeinander, bitte die Schwester, mich hereinzulassen. Sie gibt mir eine Beißschiene, aber die hilft mir nicht. Ich spüre großen Druck in den Kiefern, es knackt und reißt in meinen Zähnen, als lägen sie auf einer Bruchlinie.

Ich träume, dass alles kein Traum ist, dass ich tatsächlich die Zähne zusammenbeiße, bis sie in meinem Mund zerspringen. Ich will, dass es aufhört, dass mir jemand hilft. Das ist real, denke ich. Die anderen Träume waren anders – dieser ist real.

Für sein Buch *Amexica. War Along the Borderline* führte Ed Vulliamy lange Gespräche mit Dr. Hiram Muñoz, Direktor der Gerichtsmedizin in Tijuana, der sich vorgenommen hat, die Sprache der Drogenkriegstoten zu entziffern. »Jede Verstümmelung ist eine klare Botschaft«, sagte Muñoz. Bei Verstümmelungen werde nach bestimmten Mustern verfahren. »Wenn die Zunge herausgeschnitten wird, bedeutet das, dass der Betreffende zu viel geredet hat – er ist ein Spitzel, ein *chupro*. Wer Informationen über den Clan weitergegeben hat, dem wird der Finger abgeschnitten und vielleicht in den Mund gesteckt. Wer kastriert wurde, der hat mit der Frau eines Geschäftspartners geschlafen oder sie zu lange angesehen. Abgetrennte Arme können bedeuten, dass der Betreffende einen Teil der Lieferung für sich abgezweigt hat, abgetrennte Beine, dass der Betreffende aus dem Kartell aussteigen wollte. Enthauptungen sind etwas ganz anderes, nämlich eine Machtdemonstration, eine Warnung an die Allgemeinheit, so wie die öffentlichen Hinrichtungen in früheren Zeiten. Der Unterschied ist der, dass die Toten früher ›verschwanden‹ oder in der Wüste beseitigt wurden. Heute werden sie hingerichtet und öffentlich präsentiert, für alle zu sehen. Es ist ein Krieg gegen die Bevölkerung geworden.«

Meine Mutter war für ein paar Tage nach Tucson gekommen, um einen Herzspezialisten zu konsultieren, der ihr von einer Freundin empfohlen worden war. Was ist mit deinem Herz?, fragte ich, als sie mir davon erzählte. Nichts Ernstes, sagte sie, nur so ein starkes Klopfen. Als würde mein Herz nicht recht wissen, was es mit sich anfangen soll, jetzt, wo ich in Rente gegangen bin.

Nachdem meine Mutter von ihrem Termin zurückgekehrt war, kochten wir gemeinsam, setzten uns in den Innenhof und sahen zu, wie die Sonne hinter Lavagipfeln verschwand. Im Wartezimmer bin ich mit einem Rancher ins Gespräch gekommen, sagte sie, sein ganzes Land liegt an der Grenze. Er hat mir Sachen erzählt, das würdest du nicht glauben. Ach ja?, erwiderte ich, da wär ich mir nicht so sicher.

Der Rancher hatte von einem Jungen erzählt, einem Teenager, der eines Tages mit einem nagelneuen Schlitten vor seiner Schule aufkreuzte. Alle gingen davon aus, dass er mit Drogen gehandelt haben musste, aber der Rancher fand heraus, dass er jeden Tag nach der Schule zu McDonald's gegangen war und sich mit Unmengen von Hamburgern eingedeckt hatte. Damit ging er zu einer Absteige, die von illegalen Migranten genutzt wird, und hat ihnen das Zeug für den doppelten Preis verkauft. Das ging so jeden Tag, bis er schließlich genug Geld für ein neues Auto beisammenhatte.

Der Rancher hatte von Leuten erzählt, die ihn anriefen, weil sie angeblich Weideland für ihr Vieh kaufen wollten. Sie würden Grundstücke aufkaufen, aber keine Viehzucht betreiben, sagte er, davon verstünden sie nichts. Sie wollten das Land haben, damit sie entlang der Grenze Jagd auf Menschen machen konnten. Sie richteten sich dort ein, regelmäßig tauchten weitere Männer auf, Männer mit Sturmgewehren und Nachtsichtgläsern und schusssicheren Westen. Der Rancher hatte meiner Mutter erzählt, dass er mit diesen Leuten nichts zu tun haben wolle, dass sie ihm unsympathisch seien, er sie aber verstehen könne. Viehzüchter hätten es schwer in der Nähe der Grenze, gar keine Frage. Er zähle schon gar nicht mehr mit, so oft sei bei ihm eingebrochen worden. Meistens nähmen die Illegalen nur Lebensmittel und Wasser mit, manchmal aber auch Werkzeug und andere Sachen, die sie zu Geld machen konnten.

Der Grenzschutz sei viel zu weit weg, hatte der Rancher gesagt, sie unternähmen überhaupt nichts. An diesem Punkt sei der Mann wütend geworden, erzählte meine Mutter. Was der Staat mache, sei unmenschlich. Diese Leute würden nicht an der Grenze gestoppt, man lasse sie durch, und dann verfolge man sie auf der nördlichen Seite – fünfzig, sechzig, siebzig Kilometer von der Grenze entfernt. Man lasse zu, dass diese Leute das Land der Rancher wie eine Plage heimsuchen, und man lasse sie in der Wüste sterben.

Meine Mutter kniff die Augen zusammen. Stimmt das?, fragte sie. Es ist ein bisschen komplizierter, sagte ich. Ich würde es als unbeabsichtigte Begleiterscheinung bezeichnen. Meine Mutter schaute skeptisch. Was willst du von mir hören?, fauchte ich. Dass der Grenzschutz die Leute bewusst in den Tod treibt? Die Jungs, die vor Ort Dienst tun, sind für das Grenzregime nicht verantwortlich. Wir fahren Streife und sind überall dort, wo wir hingeschickt werden. Meine Mutter schüttelte den Kopf, als säße ihr ein Apologet gegenüber oder ein Fanatiker. Ich schaute weg. Ameisen wanderten an einem Stuhlbein hinauf. Jedenfalls bin ich nicht mehr im Außendienst. Meine Mutter legte mir eine Hand auf den Arm. Das ist gut. Ich möchte vor allem, dass du in Sicherheit bist. Sie lächelte schüchtern.

Dieser Rancher, fuhr sie fort, hat mir von Männern erzählt, die er regelmäßig an der Straße stehen sieht, Männer, die auf eine Mitfahrgelegenheit zur Grenze warten. Er sagte, dass sie oft so tun, als wären sie verletzt, oder sie legen sich mitten auf die Straße, damit er anhält. Und dann klettern sie auf seinen Pick-up, und wenn er sie auffordert, wieder herunterzusteigen, tun sie, als würden sie ihn nicht verstehen. Diese Männer machen ihm Angst, sagte er, sie sind aggressiv, manchmal erkennt er Knasttätowierungen auf Gesicht und Armen. Meine Mutter schüttelte den Kopf. Ich musste immerzu an dich denken, dass du in der Wüste eingesetzt warst und ganz allein mit solchen Männern zu tun hattest. Sie sah mich an. Ich bin so froh, dass du nicht mehr dort draußen bist. Ich bin so froh, dass du hier in Sicherheit bist.

Ich schaute über den Hof. Immerhin freust du dich, sagte ich. Gefällt dir deine neue Arbeit denn nicht?, fragte sie. Weiß nicht, sagte ich. Alle finden, es ist eine berufliche Verbesserung. Klar, es ist sinnvoll, nach ein paar Jahren Außendienst zu den Nachrichtenleuten zu gehen, die alles zu einem großen Ganzen zusammenfügen. Aber es klingt interessanter, als es in Wirklichkeit ist. Es kommt mir wie ein Rückzug vor, sagte ich schließlich.

Die Migranten, die den Weg durch das mexikanische Binnenland überleben und es tatsächlich über die US-Grenze schaffen, werden von ihren Schleppern oft zu »Schattenhäusern« am Rand der großen Städte im Südwesten gebracht. Laut einem Polizeibericht von 2009, den Joel Millman, Reporter des *Wall Street Journal,* einsehen konnte, wurden in Phoenix zweiundzwanzig Männer in einem winzigen Zimmerchen eines Mietobjekts in einem kaum bewohnten Wohnblock entdeckt. »Die angetroffenen Personen«, heißt es in dem Polizeibericht, »lagen, nur mit Unterhose bekleidet, nebeneinander an den Wänden und in einem Schrank.« Die Männer »waren dort so lange und so eng zusammengepfercht worden, dass die Wände Dellen aufwiesen. Pinkfarbene Wände, an denen Sticker von Disney-Figuren klebten, waren mit Schweißflecken übersät. Eine winzige Wäschekammer am Ende eines kurzen Flurs war als »Büro« ausgewiesen. Nach Aussagen der Festgenommenen wurden Migranten dort geschlagen und mussten Telefonnummern von Angehörigen in den USA nennen, die daraufhin kontaktiert wurden und telegrafisch Lösegeld überweisen mussten.«

Millman berichtete, dass allein in Phoenix im Jahr 2007 hundertvierundneunzig Schattenhäuser und im darauffolgenden Jahr hundertneunundsechzig Schattenhäuser entdeckt wurden. 2009 wurden nach Behördenangaben in den ersten fünf Monaten des Jahres Razzien in achtundsechzig Häusern durchgeführt, was zur Entdeckung von tausendneunundsechzig illegalen Migranten führte. Die steigende Zahl von Schattenhäusern deutet laut Millman auf einen Wandel im Schleppergeschäft hin. »Vor Jahrzehnten kamen Arbeiter regelmäßig über die Grenze, heutzutage ist das Schleppergeschäft in der Hand organisierter Banden.«

Aus Sicht der amerikanischen und mexikanischen Polizei war diese Machtübernahme nicht zuletzt »die unbeabsichtigte Folge einer strengeren Grenzüberwachung«. Je schwieriger es wurde, auf die andere Seite der Grenze zu kommen, desto höher wurden die von den Schleppern verlangten Preise. Und je lukrativer der Menschenschmuggel wurde, desto mehr geriet dieses Geschäft unter die Kontrolle von Drogenkartellen. Mit jeder Verschärfung des Grenzregimes konnte man an jedem potenziellen Migranten mehr Geld verdienen. Für die Schlepper ist es eine simple Methode der Profitmaximierung, Klienten zwecks Lösegelderpressung festzuhalten. Matthew Allen, der Leiter der US-Grenzschutzbehörde in Phoenix, brachte es gegenüber Millman auf den Punkt: »Der Ausländer wird zur Ware … Eine Möglichkeit, den Wert dieser Ware zu steigern, besteht darin, jemanden zu bedrohen und zu terrorisieren.«

Hayward beauftragte mich, ein Dossier über eine im Südwesten von Arizona aktive Drogenschmugglerzelle zusammenzustellen. Wochenlang gab ich Namen in Datenbanken ein, sichtete Justizakten und analysierte Schmuggelmethoden und Muster der Grenzüberquerung. Ich konnte verfolgen, wann jemand festgenommen oder verhaftet worden war, wann eine Behörde Anklage erhoben hatte. Ich konnte sehen, wann jemand die Grenze zu Fuß oder in einem Fahrzeug überquert hatte, in letzterem Fall hatte ich auch das Kennzeichen und die Registrierungsnummer sowie Namen und Geburtsdaten sämtlicher Fahrzeuginsassen. Anhand archivierter Dokumente konnte ich die Namen sämtlicher Personen (Freunde, Angehörige, Kollegen) überprüfen, die jemals mit einer bestimmten Person unter einer Adresse gewohnt hatten. Ich hatte Zugang zu Heirats- und Sterbeurkunden. Ich konnte sehen, ob zu einer Person, einer Wohnung oder einem Fahrzeug irgendwelche polizeilichen Hinweise vorlagen, die anzeigten, ob jemand gewalttätig oder renitent war, ob ein Haus als Versteck von Drogen oder illegalen Migranten gedient hatte, ob in einem Fahrzeug Waffen oder Drogen gefunden worden waren oder ob es einer verschärften Durchsuchung durch Zollbeamte, Grenzschutz oder Drogenspürhunde unterzogen worden war. Anhand der Seriennummer konnte ich ermitteln, ob eine bestimmte Waffe irgendwann als verloren oder gestohlen gemeldet und ob sie irgendwann an einem Tatort gefunden worden war. Ich konnte sehen, welches Foto auf dem Führerschein oder einem anderen Ausweis einer bestimmten Person verwendet worden war. Ich konnte die verschatteten Gesichter und die verpixelten Augen studieren.

»Die Leichen, die sich in den Leichenschauhäusern mexikanischer Grenzstädte stapeln, erzählen von einem eskalierenden Drogenkrieg«, hieß es in einem Bericht der AP-Reporterin Julie Watson aus dem Jahr 2009. Die Leichenhalle von Ciudad Juárez wurde modernisiert und erweitert, nachdem in den 1990ern und 2000ern Hunderte Frauen ermordet worden waren, und ein Jahr später wurde die Kapazität noch einmal verdoppelt. Sieben Ärzte arbeiteten dort, schrieb Watson, oft zwölf Stunden am Tag, sieben Tage die Woche. Innerhalb von zwei Monaten waren mehr als vierhundertsechzig Leichen eingeliefert worden. Die Ärzte nahmen Blutproben, untersuchten Hautpartikel, durchsägten Knochen und nahmen von geköpften Leichen Fingerabdrücke. Einige neu eingestellte Ärzte hielten es nur ein paar Tage aus. Ein Arzt berichtete Watson, dass er nach Aufnahme seiner Tätigkeit nichts mehr habe essen können. Eine Kollegin sagte, dass sie, um den Tag zu überstehen, die Leichen als medizinisches Anschauungsmaterial betrachten musste, nicht als sterbliche Überreste von Menschen. Trotzdem sagten alle, dass sie froh seien, in einer Stadt, in der Arbeitsplätze dünn gesät seien, einen Job zu haben.

Die Angehörigen der Toten fürchteten sich vor dem Identifizierungsprozess und vor Vergeltung, sodass ein Fünftel der Leichen nicht abgeholt wurde. Manche Familien besaßen zwar die Kraft, im Leichenschauhaus zu erscheinen, mussten aber feststellen, dass ihnen der letzte Schritt, die Identifizierung des Toten, unmöglich war, dass sie die konkrete Manifestation des Todes ihrer Angehörigen nicht akzeptieren konnten. Sie gingen die Gegenstände durch, die bei den Leichen gefunden worden waren und in einer Schachtel aufbewahrt wurden. Ja, das sind ihre Kleidungsstücke, bestätigten die Angehörigen dann, das sind ihre Gegenstände. Aber mit Blick auf die Leiche erklärten sie, dass sie das nicht sei. Nein, unmöglich.

In Tijuana berichtete der Direktor der städtischen Leichenhalle, dass seine Mitarbeiter nicht mehr hinterherkämen. Die gewaltige Zahl der Leichen überfordere die gesamte Infrastruktur. »Da die Sargmacher in Tijuana ihre Arbeit während der Weihnachtsfeiertage unterbrochen hatten«, schrieb Watson, »wurden zweihundert Leichen in zwei Kühlkammern gestopft, die für achtzig Leichen gedacht sind.« In Städten wie Tijuana und Juárez hatte die Gewaltspirale solche Ausmaße angenommen, dass Bandenmitglieder nicht selten in Leichenschauhäuser einbrachen und die Leichen von Opfern, Genossen und Chefs entführten. Die Leichen wurden hierhin und dorthin geschafft, waren ständig unterwegs, warteten darauf, endlich in der Erde Ruhe zu finden.

Eines Abends erhielt ich einen Anruf von meiner alten Station. Ich erkannte die Stimme sofort. Cole?, fragte ich. Ey Mann, rief er, bist du das, Mr. Nachrichtendienst? Ich lachte. Spätschicht, was? So ist es, sagte ich. Also, sagte Cole, ich rufe an, um einen Zwischenfall mit zwei Toten und einem Halbtoten zu melden. Scheiße, sagte ich. Ganz genau, sagte Cole. Während du auf deinem Arsch hockst und in deinem klimatisierten Kommandozentrum Fernsehen guckst, verrecken die Illegalen hier wie die Fliegen. Du kannst mich mal, sagte ich. Cole lachte. So ist das Leben. Irgendjemand muss euch Supertypen in der Zentrale schließlich auf Trab bringen. Du sollst nie vergessen, in welcher Situation wir armen Schweine hier draußen sind.

Cole berichtete, dass seine Einheit in der Wüste kurz vor Einbruch der Dunkelheit auf einen halb nackten Mann gestoßen war, der zusammengerollt auf der Erde lag. Der Mann hatte vier Tage nichts als seinen eigenen Urin getrunken. Er konnte kaum sprechen, aber Cole bekam heraus, dass er mit zwei Brüdern unterwegs gewesen war. Er fragte ihn, wo sie waren. Hinter mir, sagte der Mann. Cole und seine Trainees führten den völlig Entkräfteten zu einer Piste, wo er von einem Helikopter an Bord genommen und in die nächste Stadt geflogen wurde. Bis zur Ankunft im Krankenhaus hatte der Mann sechs Beutel Rehydrierungsflüssigkeit intus. Der Arzt sagte, er habe noch nie derart geschrumpfte Nieren bei einem lebenden Menschen gesehen.

Cole und seine Leute waren in der einbrechenden Dunkelheit ausgeschwärmt, um die Gegend nach den Brüdern des Mannes zu durchkämmen. Nach einer Stunde forderten sie einen Suchtrupp vom Hauptquartier an. Schließlich, nach mehreren Stunden, fanden sie die beiden Leichen, gut einen Kilometer voneinander entfernt, die eine unter einem knorrigen Mesquitebaum, die andere in einem Wash, ohne Hemd, auf dem Rücken liegend, mit bereits stark aufgedunsenem Bauch.

Nachdem ich aufgelegt hatte, starrte ich auf den übergroßen Bildschirm mit den Live-Bildern und stellte mir all die Leichen vor, von denen ich wusste, dass sie dort draußen lagen, unentdeckt unter Bäumen und in ausgetrockneten Washes wurden sie langsam wieder zu Staub. Vom anderen Ende des Raums kam Hayward näher. Was gibt's?, fragte er und riss mich aus meinen Gedanken. Ach, nichts, sagte ich. Hayward blieb mit verschränkten Armen neben mir stehen und wartete darauf, dass ich noch etwas Erklärendes sagte. Manchmal habe ich einfach das Gefühl, dass unsere eigentliche Arbeit dort draußen stattfindet, sagte ich mit einem Kopfnicken in Richtung Bildschirm. Hayward starrte auf die Infrarotbilder aus der Wüste. Klar, dort sieht man die Dinge natürlich anders als hier. Er musterte mich. Wer verstehen will, was dort draußen los ist, sagte er schließlich, sollte aber auch wissen, wie sich die Dinge von hier aus darstellen. Er schlug mir auf die Schulter. Und jetzt schreiben Sie mir Ihren Bericht, sagte er und ging zurück zu seinem Computer.

Zwei Stunden später meldete sich Cole noch einmal. Du wirst es nicht glauben, sagte er. Meine Trainees haben auf dem Rückweg zur Station gerade eine Truckladung Dope gefunden. Das wird deine Jungs interessieren: Das Fahrzeug war mit tausendachthundert Pfund beladen. Wahnsinn, eine Tonne Dope, rief ich. Ganz genau, sagte Cole und lachte, kannst du mal sehen, was dir alles entgeht. Irgendwelche Festnahmen?, fragte ich. Komm schon, sagte Cole, du solltest mich kennen.

Am Fundort war kein einziger Verdächtiger. Ich seufzte. Hör zu, sagte Cole, ich weiß, dass ihr in der Zentrale euren Papierkram furchtbar wichtig findet, aber ich möchte pünktlich zu Hause sein. Ist aber eine hübsche Menge, die ihr da gefunden habt, sagte ich. Cole gluckste. Ganz genau.

Ich träume, dass ich wieder in der Wüste bin und auf einem abgelegenen Pfad nach Spuren suche. Der Boden ist übersät mit Steinen, ausgedörrt, voller Risse. Ich blicke über das weite Land, das von karger Schönheit ist, und fühle mich frei. Ich bin froh, wieder in der Wüste zu sein. In der Ferne sind Stimmen zu hören. Ich komme zu einem mächtigen Felsen, schaue von dort aus über einen Wash, sehe eine Gruppe von Schmugglern, die im Kreis stehen und leise miteinander sprechen. Ich habe keine Zeit, auf Verstärkung zu warten, beschließe, mir die Typen allein vorzuknöpfen. Ich rufe ihnen laut zu, damit sie wissen, dass ich da bin, sie sollen Angst bekommen. Ich halte meine Waffe in beiden Händen, die Arme ausgestreckt. Ich brülle den Männern auf Spanisch zu, sie sollen die Hände heben, sich auf den Boden hocken und nicht weglaufen. Sie sehen mich an, mit leerem und reglosem Gesicht, nur die Augen sind kalt, böse. Ich binde ihnen die Handgelenke mit Plastikfesseln zusammen. In einer langen Reihe stehen sie vor mir, ich befehle ihnen, sie sollen mich zu ihrer versteckten Drogenfracht führen. Schweigend gehen wir, und bald habe ich Sorge, dass sie mir eine Falle stellen, dass sie mich jeden Moment angreifen werden. Ich versuche, per Funk Kontakt mit Kollegen aufzunehmen, fordere einen Hubschrauber an, aber niemand antwortet. Ich komme mit den Männern durch ein tiefer gelegenes Geröllfeld, versuche, meine Panik zu verbergen, bis wir schließlich an einem kastenartigen Canyon eintreffen, in dem bergeweise Müll von Kundschaftern und Mulis herumliegt. Ich sehe mehrere Löcher in den Wänden, in denen aufeinandergestapelte schwarze Holzkisten liegen. Das sind unsere Sachen, sagen die Männer. Ich hole die Kisten heraus und öffne sie, suche nach Schmuggelgut und verschnürten Drogenpaketen, aber jede einzelne Kiste ist leer. Ich sehe die Wände des Canyons und erkenne, dass alle Schönheit aus der Landschaft gewichen ist, dass ich umgeben bin von Bedrohung, von gesichtslosen Männern und Stapeln leerer Kisten. Wo sind die Pakete?, will ich wissen. Ihre unkenntlichen Gesichter schimmern in der Dunkelheit. Sie haben uns das Zeug schon weggenommen, sagen sie.

Das Telefon riss mich aus dem Schlaf. Gott sei Dank, sagte meine Mutter, als ich mich meldete. Was gibt's?, fragte ich. Sie atmete schwer. Ich habe gerade mit einer Freundin telefoniert. Sie sagt, bei einem Schusswechsel sei ein Agent getötet worden und in den Nachrichten sei der Name Cantú gefallen. Mein Herz, ich schwör's, ich kann mich kaum bewegen. Nein, nein, ich bin hier, sagte ich, mach dir keine Sorgen. Meine Mutter murmelte irgendetwas. Ich wusste, dass du es nicht sein konntest. Ich habe gesagt, dass du inzwischen im Innendienst bist. Ja, sagte ich. Es ist alles gut. Gott sei Dank, sagte meine Mutter noch einmal. Es gibt einen zweiten Cantú, sagte ich, er arbeitet in der Presseabteilung. Wahrscheinlich hat er mit Reportern über den Schusswechsel gesprochen. Er ist offizieller Pressesprecher. Ach so, sagte meine Mutter. Das erklärt es natürlich. Ich richtete mich im Bett auf. Was hast du gesagt, ein Agent wurde getötet?

Im Büro wimmelte es schon von uniformierten Grenzschützern und hochrangigen Offizieren. Hayward kam mir entgegen und ging mit mir nach draußen auf den Parkplatz. Ich möchte Sie ins Bild setzen, sagte er. Ich nehme an, Sie haben von der Geschichte gehört? Ja, Sir, sagte ich, nur das, was in den Nachrichten kam. Kannten Sie ihn? Nein, Sir.

Hayward berichtete, der Agent sei einer kleinen taktischen Einheit zugeteilt gewesen, die den Schmuggel in einem Canyon südlich von Tucson beobachten sollte. Nach Einbruch der Nacht gerieten sie in einen Schusswechsel mit einer Gruppe von Banditen. Ein Agent wurde getroffen, die anderen konnten nichts für ihn tun, er starb noch vor der Ankunft der Ambulanz. Ich hörte Haywards Worte und versuchte, mir für einen kurzen Moment die erschütterte Stille im Canyon vorzustellen, den funkelnden Nachthimmel über dem Agenten, der im Sterben lag. Die Kollegen konnten vier Banditen erwischen, sagte Hayward. Einer liegt mit einer Schusswunde im Krankenhaus, die anderen drei sind in Gewahrsam, ein fünfter, wahrscheinlich der Schütze, konnte entkommen. Im Moment sind haufenweise Agenten vor Ort, Einheiten der Nationalgarde, Nachrichtenteams, taktische Einheiten aus El Paso und Kollegen von anderen Stationen unseres Abschnitts. Sogar Drohnen sind im Einsatz und ein Blackhawk.

Es geht um Folgendes, sagte Hayward. Ich brauche jetzt Ihre ganze Kompetenz. Die Führungsebene hier im Sektor ist in heller Aufregung. Ein paar Leute sind total nervös. Was soll ich tun?, fragte ich. Sie sollen mit Ihren Kollegen ein Dossier über diese Banditen zusammenstellen und einen Bericht schreiben, der alles enthält. Ich möchte alles wissen, was im Zusammenhang mit diesen Festnahmen vorliegt. Ich möchte wissen, wann und wie oft diese Leute die Grenze überquert haben, wann und wie oft sie aufgegriffen wurden, ich will Profile von sämtlichen Familienmitgliedern und Geschäftspartnern haben – Name, Anschrift, Strafregister, alles, was Sie finden können. Ich muss wissen, wer ein Gangster und wer einfach ein Scheißillegaler ist.

Meine Cousine rief mich an, um mir mitzuteilen, dass meine Großtante Frances im Schlaf gestorben war, zwei Wochen nach ihrem 102. Geburtstag. Ich rief meine Mutter an. Sie wollen eine Trauerfeier in San Diego abhalten, sagte ich. Fährst du hin? Nein, lieber nicht, ich muss auf mein Herz aufpassen, sagte sie. Und du? Ich dachte kurz nach. Ja, sagte ich, ich werde hinfahren. Gut, dann kannst du mich vertreten.

Am Abend vor der Feier stand ich mit meinen Cousinen auf einem Parkplatz, wir warteten auf die bestellten Pizzas und tranken derweil ein Bier. Wir sprachen über meine Großtante Frances, über meinen Großvater, über ihre Brüder und Schwestern, über ihre Eltern. Frances vertrug einiges, sagte eine meiner Cousinen. Sie trank täglich ein Glas Canadian Club und aß eine rohe Jalapeno, bis zuletzt. Sie sprach immer davon, dass wir mit König Ferdinand verwandt sind, warf eine andere Cousine lachend ein. Bei meiner Taufe hat sie meine Mutter zurechtgewiesen, sagte ich, weil meine Mutter öffentlich erklärte, dass sie stolz darauf ist, Mexikanerin zu sein. Wir sind Spanier!, schimpfte Frances. Meine Cousinen und ich kicherten. Vierhundert Jahre in Mexiko, sagte ich, aber sie orientierte sich immer noch an Europa.

Du kennst doch bestimmt die Geschichte mit Pancho Villa, oder?, fragte Frances' Tochter. Nein, sagte ich. Aber du weißt, dass unsere Familie aus Mexiko wegging, als Frances ein junges Mädchen war? Klar, sagte ich. Das war mitten in der mexikanischen Revolution. Dein Opa war noch jünger als Frances. Er wurde 1910 geboren, praktisch bei Ausbruch der Kämpfe. Frances erzählte jedenfalls, dass die Armee von Pancho Villa durchs Land zog und Krieg gegen die Großgrundbesitzer führte. Als sie hörten, dass sie auf dem Weg nach Monterrey durch Nuevo León ritten, sprangen sie mitten in der Nacht auf einen Güterzug und fuhren in Richtung Grenze. Am nächsten Morgen sahen sie Leichen an den Bäumen hängen. Du willst mir einen Bären aufbinden, sagte ich. Nein, so hat Frances es erzählt. Großvater hat nie davon gesprochen, sagte ich nach einer Weile. Frances' Tochter nickte. Er war ja noch so klein.

Tags darauf ging ich mit meinen Verwandten zu dem Mausoleum, in dem Frances beigesetzt worden war. Frances' Tochter stand vor dem Namensschild an der Wand und sprach von der Liebe und der Kraft ihrer Mutter, für die Familie und Tradition immer wichtig gewesen waren. Als sie geendet hatte, trat ich zu ihr. Auf der Plakette steht ja Cantú und nicht Abrams. Stimmt, sagte sie schmunzelnd. Sie hat das ganz zuletzt verfügt. Der Ehename bedeutete ihr nichts mehr.

Schon komisch, fuhr meine Cousine fort, weißt du, dass du der Einzige bist, der den Familiennamen trägt? Dein Großvater hatte fünf Brüder und Schwestern, aber am Ende bist du der Einzige, der den Namen weitergeben könnte. Ich lächelte. Eigentlich sollte ich ihn gar nicht haben. Es ist nur so, dass meine Mutter ihren Namen behalten hat. Stimmt, sagte meine Cousine, deine Mutter ist genauso eigensinnig wie Frances. Ursprünglich gab es einen Bindestrich, sagte ich. Wie meinst du das? Mein Familienname war ursprünglich Cantú-Simmons, nach meiner Mutter und meinem Vater. Bei meiner Geburt war sich meine Mutter noch immer nicht sicher, welchen Namen sie mir geben sollte. Sie hatten an Joshua gedacht, sie hatten an Tyler gedacht, und als sie nach der Entbindung einen Namen angeben mussten für die Geburtsurkunde, entschieden sie sich dafür – Joshua Tyler Cantú-Simmons. Meine Cousine lachte schallend. Was für ein Gringo-Name, sagte sie.

Erst ein paar Wochen später ging meine Mutter dazu über, Paco zu mir zu sagen, die spanische Kurzform für ihren Lieblingsheiligen. Bald fielen die anderen Namen weg, und nach der Scheidung meiner Eltern fiel auch der Bindestrich weg.

Gott sei Dank, dass dich der heilige Franziskus vor diesem schrecklichen Namen bewahrt hat, sagte sie lächelnd. Ich nickte. Ich wäre ein anderer Mensch. Sie legte mir den Arm um die Schulter, und dann gingen wir wieder zu den anderen. Stimmt, sagte sie, der Name prägt einen Menschen.

Nachdem alle meiner Großtante Frances die Ehre erwiesen hatten, liefen wir über die Straße zu einem älteren Mausoleum, in dem mein Großvater und meine Urgroßeltern bestattet worden waren. Ich rief meine Mutter an, um zu hören, ob ich ihrem Vater irgendetwas sagen solle. Rede einfach für mich mit ihm, sagte sie.

Meine Cousinen zeigten auf die Namen unserer Ahnen, die an den prächtig gestalteten Wänden des Erdgeschosses verzeichnet waren: Anastasio Cantú Garza und María del Calzado Cantú. Im Obergeschoss fanden wir die Namensplakette meines Großvaters am Ende eines langen Flurs, dritte Reihe von unten und vier Plätze von einem offenen Fenster entfernt, durch das man auf einen benachbarten Friedhof schaute. Ich war überrascht über den hellen Sonnenschein, der durch das

Fenster fiel und den Flur in warmes Licht tauchte. Als Kind war ich schon einmal hier gewesen, bei der Bestattung meines Großvaters, konnte mich aber nur vage an einen breiten und dunklen Flur erinnern, in dessen Seitenwände die Verstorbenen eingelassen waren.

Während ich am Fenster stand, näherte sich Frances' Tochter. Schau, dort drüben, sagte sie und zeigte über meine Schulter. Dort hinter den Bäumen und der Stadt, das sind die Hügel von Tijuana.

Ich wartete, bis meine Cousinen fertig waren und wieder hinuntergingen. Dann war ich allein. Ich las den Namen meines Großvaters an der Wand. Héctor Luis Cantú. Ich sagte seinen Namen in Gedanken und schaute durch das Fenster auf die Hügel von Tijuana. Großvater, sagte ich schließlich laut, von hier aus kannst du Mexiko sehen.

In seiner Chronik der mexikanischen Revolution beschreibt der Historiker Frank McLynn, wie der Konflikt zwischen 1916 und 1917 allmählich einschlief: »Nach sechs Jahren praktisch ununterbrochenem Krieg war das Land ein einziges Trümmerfeld aus schiefen und krummen Eisenbahnschienen, ausgebrannten Häusern, zerstörten Brücken, gesprengten Fabriken, Pferdeskeletten und provisorischen Massengräbern. Selbst in den ausgedörrten Wüstengegenden bot sich ein Bild endloser Zerstörung.... In den Städten waren Armut und Elend allgegenwärtig, Krüppel, Invaliden, Veteranen und Schwerverwundete, die eigentlich in ein Krankenhaus gehörten, bevölkerten zu Hunderten die Straßen.«

In Mexiko kursiert eine Theorie, der zufolge es alle hundert Jahre zu einer Revolution im Land kommt. 1810 brach der Unabhängigkeitskrieg aus, genau hundert Jahre später kam es zur blutigen Erhebung gegen die Diktatur von Porfirio Díaz. Im Unabhängigkeitskrieg sollen zwischen vier- und sechshunderttausend Menschen den Tod gefunden haben. Die Revolution soll fünfhunderttausend bis zwei Millionen Menschenleben gefordert haben. Heute, hundert Jahre später, haben Historiker, Journalisten und Politiker große Mühe, verlässliche Schätzungen zur Zahl der Opfer im fortdauernden Drogenkrieg vorzulegen, der insofern etwas verfrüht begann, als Präsident Felipe Calderón im Jahr 2006 den Drogenkartellen den Krieg erklärte, nur zwei Wochen, nachdem er mit dem knappsten Wahlergebnis in der mexikanischen Geschichte das Präsidentenamt angetreten hatte.

Calderón hatte mit dem Versprechen kandidiert, »auf den Straßen für Ordnung zu sorgen«, und am Ende seiner sechsjährigen Amtszeit wurden offiziell mehr als hunderttausend Drogenkriegstote gezählt. In dem Bemühen, diese gigantische Zahl herunterzuspielen, erklärte er, dass es sich bei den meisten Toten um Mitglieder der mexikanischen Drogenkartelle handele. Einmal behauptete er sogar, 90 Prozent der Toten seien Verbrecher. Molly Molloy von der New Mexico State University, die sich mit der Gewalt in der Grenzregion beschäftigt, hält jedoch fest: »Wenn Präsident Calderón oder andere Repräsentanten des Staates erklären, 90 Prozent der Toten seien Kriminelle, so muss darauf hingewiesen werden, dass in nicht einmal 5 Prozent der Fälle Ermittlungen aufgenommen wurden. Und wer die täglichen Berichte über Morde liest, wird sehen, dass es sich bei den allermeisten Opfern um einfache, meist arme Menschen handelt: Kinder, Teenager, alte Menschen, kleine Geschäftsleute, die sich weigerten, Schutzgelder zu zahlen, Mechaniker, Busfahrer, eine Burrito-Verkäuferin, ein Clown, der an einer Kreuzung auftrat, Zeitungsjungen … und Dutzende von Leuten, die in Reha-Kliniken für Drogenabhängige massakriert wurden.«

2014 veröffentlichte die mexikanische Regierung neue Daten, womit sie offiziell anerkannte, dass seit 2007 mehr als 164 000 Personen ermordet worden waren. Wissenschaftler wie Molloy wiesen sofort darauf hin, dass solche Statistiken »wahrscheinlich nur einen Bruchteil der tatsächlichen Opferzahlen erfassen«. Nicht erfasst sind die Vermissten und Verschwundenen, deren Zahl 2012 auf mehr als 25 000 geschätzt wurde, ebenso wenig natürlich die vielen Entführungen und die Fälle von Schutzgelderpressung.

In diesen Zahlen sind auch all jene nicht enthalten, die bei dem Versuch, in die USA zu gelangen, gestorben oder verschwunden sind – oftmals Menschen, die vor der Gewalt in ihrer Heimat flohen. 2017 berichtete Manny Fernandez in der *New York Times*, dass der US-Grenzschutz zwischen 2000 und 2016 mehr als sechstausend Tote gezählt habe. Allein in Pima County (Arizona) wurden die sterblichen Überreste von mehr als zweitausend Migranten entdeckt. Der Sheriff eines ländlichen Countys in Texas erklärte, dass »für jeden, den wir finden, uns wahrscheinlich fünf entgehen«. Auch wenn die Gesamtzahl der illegalen Grenzübertritte auf ein neues Minimum zurückgegangen ist, so ist der Anteil von Migranten, die in den unwirtlichsten Countys den Tod finden, unverändert hoch oder sogar noch gestiegen. Überall an der Grenze sind Gerichtsmediziner, Amtsärzte und forensische Anthropologen an staatlichen Universitäten und NGOs dabei, Tausende von Leichen zu identifizieren. »Niemand hat es verdient, nur eine Zahl zu sein«, erklärte ein Forensiker gegenüber Fernandez. »Wir müssen herausfinden, wer sie sind, und ihnen ihren Namen zurückgeben.«

Natürlich ist es schwer, sich ein konkretes Bild von solchen Zahlen zu machen. Die Zahl der tödlich ausgegangenen Grenzüberquerungen sagt – ebenso wie die Zahl der im Drogenkrieg Ermordeten oder all jener, die während der mexikanischen Revolution oder im Unabhängigkeitskrieg den Tod fanden – nichts darüber aus, wie Gewalt eine Gesellschaft zerreißt und sich auf den Alltag und das Denken der Menschen auswirkt.

Eines Tages, als während einer Schicht einmal nicht viel los war, trieb ich mich stundenlang wie besessen in den düsteren Ecken des Internets herum, las von Entführungen und Drogenmassakern, von Enthauptungen und Verstümmelungen, von Leichen, die in Schattenhäusern beseitigt wurden. Auf einer mexikanischen Nachrichtenseite las ich, dass im Staat Tamaulipas, unweit von San Fernando, in einem Schuppen zweiundsiebzig Leichen entdeckt worden waren – achtundfünfzig Männer und vierzehn Frauen, kreuz und quer übereinander, gefesselt und mit verbundenen Augen. Einziger Überlebender war ein achtzehnjähriger Ecuadorianer, dem irgendwie die Flucht gelungen war, nachdem ihn ein Streifschuss am Hals getroffen und er sich unter den Leichen der anderen tot gestellt hatte. In abgrundtiefer Panik floh er fünfzehn Kilometer durch die ausgedörrte Küstenebene von San Fernando und erreichte schließlich einen Militärkontrollpunkt. Er alarmierte die Soldaten, die die Ranch stürmten und nach einer Schießerei die Leichen entdeckten, die später als Migranten aus Brasilien, Ecuador, El Salvador und Honduras identifiziert wurden, Menschen, die sich auf ihrem Weg durch das kaputte Mexiko in Richtung Norden in keinem Moment sicher fühlen konnten. Bei der Lektüre dieses Berichts musste ich den Kopf auf die geballten Fäuste stützen, zusammengesunken saß ich da, und mir war, als explodierten die Monitore vor mir, als schwömme der ganze Raum davon, bis ich schließlich meinen Namen hörte. Cantú, rief Hayward, reißen Sie sich zusammen!

Die Kultursoziologin Jane Zavisca von der University of Arizona ist in einer groß angelegten Untersuchung der Frage nachgegangen, welche Metaphern in Reportagen über zu Tode gekommene Migranten am häufigsten gebraucht wurden.

Besonders beliebt waren ökonomische Bilder wie etwa »Kosten«, »Kalkulation« oder »Risiko«. Der Tod ist ein Preis, der bezahlt wird, ein von der Wüste erhobener Zoll. Der Tod ist das vorhersehbare Ergebnis einer »Kosten-Nutzen-Analyse, mit messbaren, kalkulierbaren Risiken und Konsequenzen«. Der Tod ist das ultimative Risiko in einem Glücksspiel, die unglückliche Konsequenz eines Würfelwurfs. »Solche Metaphern«, schreibt Zavisca, »normalisieren den Tod« und »unterstellen, Migranten trügen eine Mitschuld an ihrem eigenen Tod«.

Gewaltmetaphern waren die zweithäufigste Kategorie. Hier erschien der Tod als Strafe einer zornigen Wüste oder als Preis eines Krieges, der an der Grenze geführt wird. Der Tod wurde dem mörderischen Klima, der Einwanderungspolitik, dem ungehinderten Ansturm einer Invasionsarmee von Migranten zugeschrieben.

Die dritte Kategorie waren dehumanisierende Metaphern.

Hier erschienen Migranten als Tiere, die gejagt werden, als Beute von Schmugglern, Grenzschutz und militanten Bürgerwehren. »Angelockt« durch die Aussicht auf gut bezahlte Jobs, ließen sich Migranten auf ein tödliches »Katz-und-Maus-Spiel« mit Grenzpolizisten ein. »Eine verwandte Metapher«, schreibt Zavisca, »porträtiert Grenzschützer als humane, fürsorgliche Schäfer, die sich um ihre Herde kümmern.« Dieses Bild »unterstreicht die Menschlichkeit der Grenzschützer und entmenschlicht zugleich die Migranten, indem die Beamten als ›Retter‹ erscheinen«. Eine ähnliche, in Mexiko verbreitete Tiermetapher porträtiert Migranten als Hühner und Schlepper als Geflügelfarmer – *pollos*, die ihren *polleros* auf Gedeih und Verderb ausgeliefert sind.

Eine andere Unterkategorie beschreibt Migranten als »gefährliche Fluten, die die Nation bedrohen ... das Zuhause im übertragenen Sinn«. Der Grenzschutz steht für das Bemühen, den endlosen Migrantenstrom abzuwehren, die Grenze ist der Damm, der bei Flut verstärkt und befestigt wird. Die Opferzahl »ist eine ›Woge‹, und die Leichen sind Teil einer ›Flut‹ von Migranten, die über Grenzschützer und Forensiker hereinbricht«. Hier zitiert Zavisca die Arbeit von Otto Santa Ana, einem Soziolinguisten an der University of California in Los Angeles, der darlegt, dass Migranten in solchen Bildern als »undifferenzierte Masse« erscheinen, mithin dehumanisiert werden.

Zu Beginn einer Spätschicht berichtete Hayward, er sei auf eine Führungsposition im Taktischen Operationszentrum in El Paso berufen worden. Ist zwar nicht Virginia, sagte er, aber schon zwei Staaten näher dran. Ein, zwei Jahre, und meine Versetzung nach Washington ist praktisch geritzt, sagte er und lachte.

Zwei Wochen später, an seinem letzten Arbeitstag in der Nachrichtenabteilung, nahm Hayward mich beiseite. Kennen Sie El Paso?, fragte er. Klar, sagte ich. Meine Mom war Ranger in einem Park östlich von El Paso. Dann sind Sie ja praktisch ein Chicano, sagte er. Würden Sie gern dort leben?

Ich erinnerte mich an das Lichtermeer von El Paso, das über die Grenze reichte, sodass man den Eindruck einer einzigen pulsierenden Metropole gewann. Ich erinnerte mich auch an die Nachrichten von Schießereien und ermordeten Frauen auf der mexikanischen Seite, von den überfüllten Leichenhallen in Juárez. Ich dachte an meine Mutter, die auf der Straße gestürzt war, an den Mann, der ihr auf die Beine geholfen und gesagt hatte, dass wir uns in Juárez wie zu Hause fühlen sollten.

Um es kurz zu machen, sagte Hayward, das Nachrichtenteam dort sucht Verstärkung. Gesucht werden Leute wie Sie: fließend Spanisch, mit Erfahrungen im Außendienst und im Nachrichtenwesen. Sie würden unter mir arbeiten, innerhalb des Taktischen Operationszentrums, das heißt, Sie würden im gesamten Südwesten zu Nachrichtenmissionen eingesetzt werden. Er musterte mich aufmerksam. Kann nicht garantieren, dass es klappt, sagte er, denn bei Personalentscheidungen sprechen noch andere mit. Aber ich könnte ein gutes Wort einlegen, Sie hätten wirklich gute Chancen. Ich studierte den Teppichboden und spürte die Luft, die aus den Ventilationsschächten strömte. Umzugskosten werden natürlich übernommen, fügte Hayward hinzu. Und Sie wären wieder draußen im Feld.

Als ich eines Nachmittags gelangweilt vor meinem Doppelmonitor saß, bemerkte ich an der Stirnwand des Raums einen imposanten Präriefalken, der von einer der Überwachungskameras erfasst wurde. Der Vogel war irgendwo im östlichen Arizona auf einem einsamen Gerüst gelandet und spähte direkt in die Kamera, als wollte er in unser neonhelles Büro schauen. Ich stand auf und ging näher, um mich dem prüfenden Blick des Falken zu stellen.

Warum bist du nicht mehr draußen in der Wüste? Hast du dich zurückgezogen, weil du Schiss hast? Komm zurück in die glühende Grenzregion, mit dem Chaos in deinem Kopf wirst du schon fertig.

Ich trat noch etwas näher heran, als wollte ich den Vogel berühren. Ich habe Angst, wollte ich flüstern. Ich habe Angst, dass mich die Gewalt nicht mehr erschüttert.

Hayward, in Polohemd und Cargohose, begrüßte mich vor dem Hauptquartier in El Paso. Keine Uniform?, fragte ich. Ganz recht, sagte er, es lebt sich gut hier. Ich folgte ihm über den Parkplatz, merkte mir die verschiedenen Gebäude, auf die er zeigte – Waffenkammer, Depot, Fitnessraum. Wir stiegen eine Treppe hinauf zu einem Modul, draußen brummte eine riesige Klimaanlage. Er zeigte auf das angrenzende Gebäude. Dort sitzen die Chefs. Glauben Sie mir, flüsterte er, für Sie wär das die Hölle.

Wir traten durch die Tür und gingen in den hinteren Teil des Gebäudes, vorbei an einer kleinen Teeküche und einem Sitzungsraum mit topografischen Karten an der Wand, und kamen zu einem kleinen Bereich, wo zwei Grenzschützer in Zivil vor Doppelmonitoren saßen. Das ist Ihr neues Team, sagte Hayward und nickte den Männern zu, die sich erhoben. Die beiden sind von hier. Er deutete zuerst auf den Älteren, der mir die Hand gab. Das ist Manuel, unser Experte für Kommunikation, Funküberwachung, Signalpeilung, Geo-Ortung, all diese tollen Sachen. Weiß mehr als wir alle zusammen. Ist quasi unser aller Papa. Manuel lächelte. Genau, *mijo, soy como tu papá*. Hayward zeigte auf den anderen. Und das da ist Beto, ich rätsele immer noch herum, was er so drauf hat. Beto warf die Hände in die Luft. *No seas malo, boss*. Hayward lachte. Kleiner Scherz, sagte er. Beto ist unser Technikfreak. Er rüstet unsere ganzen Fahrzeuge mit erstklassigen Signalempfängern aus, er hat aus einem Wohnwagen eine mobile Kommandozentrale gezaubert, und er behauptet, dass er unsere Geländefahrzeuge aufmotzt, was immer das bedeutet.

Beto und Manuel grinsten. Ach ja, sagte Hayward und legte mir eine Hand auf die Schulter, fast hätte ich's vergessen. Cantú ist zwar noch ein bisschen grün hinter den Ohren, aber er ist unser Mann für Internetrecherchen, er weiß, wie man Datenbanken anzapft, und er kann wahnsinnig gute Dossiers zusammenstellen. *Qué bien*, sagte Beto, weil *yo no hablo mucho* Englisch. Hayward verdrehte die Augen. Sehr komisch, sagte er und sah sich noch einmal im Raum um. Hab ich was vergessen? Manuel musterte mich. Wo bist du her, *mijo*?, fragte er. Arizona, sagte ich. Beto strahlte. Hey, *güey*, hast du schon ein Quartier? Bin noch auf der Suche, sagte ich. Verheiratet? Kinder? Ich schüttelte den Kopf. Beto schnipste mit den Fingern. In meinem Innenhof gibt es eine *casita*, die ich immer schon vermieten will, eine Einzimmerwohnung sozusagen, perfekt für jemand wie dich. Er nahm einen Stift und riss eine Seite aus seinem Notizbuch. Hier ist meine Nummer, ruf mich an, dann können wir was ausmachen. Manuel pfiff. Mann, Beto, das ging aber fix. Also gut, Jungs, sagte Hayward und gab mir ein Zeichen, ihm zu folgen, das soll fürs Erste reichen.

Hayward begleitete mich hinaus auf den Parkplatz und drückte mir einen Stapel Dokumente in die Hand. Füllen Sie alles aus, ich brauch das bis Montag für die Personalabteilung. Seien Sie eine Stunde früher da, dann gehen wir zum Magazin und statten Sie mit neuen Klamotten aus. In der Ferne sah ich die Franklin Mountains. Es ist gut, hier zu sein, sagte ich. Ja, sagte Hayward, ich bin froh, Sie hier zu haben. Noch was, in zwei Wochen haben wir unseren ersten Einsatz in Lordsburg, New Mexico, ich hoffe, Sie haben bis dahin alles im Griff. Kein Problem, sagte ich.

In *Antígona González* verlegt die mexikanische Dichterin Sara Uribe die klassische Antigone-Tragödie in das heutige Mexiko. Im Nachwort zur englischen Ausgabe schreibt der Übersetzer John Pluecker, dass »Sophokles' Antigone es nicht übers Herz bringt, den Leichnam ihres Bruders, wie von Kreon befohlen, schutzlos und unbegraben in einer staubigen Ebene zurückzulassen. Uribes Antígona hat keinen Toten, den sie betrauern, keinen Toten, den sie bestatten kann.« Uribes Werk, ein dokumentarisches Langgedicht, entstanden als Antwort auf immer neue Meldungen über Verschwundene, ist »ein aus vielen Elementen zusammenmontiertes Ganzes«, angereichert mit Zitaten aus soziologischen und philosophischen Werken, Blogeinträgen, Zeitungsmeldungen und von mexikanischen Journalisten gesammelten Zeugenaussagen.

Uribes Antígona González macht sich auf die Suche nach der Leiche ihres verschwundenen Bruders und taucht dabei ein in das Bewusstsein aller Verschwundenen. »Unsere Gewissheiten kommen uns abhanden, Tag für Tag.« Wie lebt man mit dauerndem Verlust? »Für die einen ist die Suche eine Möglichkeit, sich dem Schweigen zu verweigern, das ihnen zugewiesen wurde. Andere stellen sich immer neue Fragen, um ihr Unglück zu verstehen.« Antígona González versetzt sich in all jene, die zu den Schauplätzen von Massakern pilgern, Orte aufsuchen, wo vielleicht unidentifizierte und namenlose Leichen zu finden sind:

Ich kam nach San Fernando, nach meinem Bruder zu suchen.
Ich kam nach San Fernando, nach meinem Vater zu suchen.
Ich kam nach San Fernando, nach meinem Mann zu suchen.
Ich kam nach San Fernando, nach meinem Sohn zu suchen.
Ich kam mit den anderen, nach den Leichen der Unseren zu suchen.

Antígona González fragt: »Was ist der Körper, wenn ihm Name und Geschichte genommen werden? Wenn es weder Gesicht noch Fährte, weder Spuren noch Hinweise gibt … Was ist der Körper, wenn er verschwunden ist?«

Am späten Nachmittag kamen wir in Lordsburg an und checkten in unserem Hotel ein. Hayward gab Beto und mir ein paar Schlüsselkarten mit dem Hinweis, dass wir uns ein Zimmer teilen müssten. Sparmaßnahmen, sagte er und grinste. Beto stöhnte. Hey, ihr seid doch praktisch Stubenkameraden, stimmt's? Hayward schlug Beto auf die Schulter. Ihr wohnt eh schon so eng beieinander, dass ihr euch morgens beim Duschen seht, da macht das hier keinen großen Unterschied. Manuel gackerte, aber Beto schüttelte den Kopf. Das ist nicht nett, Boss!

Bei Sonnenuntergang fuhren wir zu einem mexikanischen Restaurant, dem einzigen Laden in der Straße, der noch bewirtschaftet wurde. Wir setzten uns an einen Tisch unweit der Tür und wurden in unseren Uniformen verstohlen beobachtet. Tiefes Schweigen erfüllte den Raum. Die Kellnerin brachte die Speisekarte, wir bestellten, unterhielten uns leise, bis ein älteres Paar auf dem Weg nach draußen an unserem Tisch stehen blieb. Danke, dass ihr da seid, sagte der Mann mit einem Kopfnicken in Richtung Hayward. Seine Frau lächelte. Passt auf euch auf. Wir bedankten uns.

Während des Essens machte uns Manuel auf einen kleinen Jungen aufmerksam, der in der Nähe der Tür stand und uns mit großen Augen und offenem Mund anstarrte. Seine Mutter lief zu ihm, beugte sich zu ihm herunter. *Vámonos ya,* flüsterte sie ihm zu und zog ihn am Ärmel. Doch der Junge stand wie angewurzelt da, starrte auf unsere Pistolen und die Abzeichen auf unseren Uniformhemden. Seine Mutter schaute entschuldigend herüber. Er will mal Polizist werden, wenn er groß ist, sagte sie und scheuchte ihr Kind fort.

Am nächsten Morgen wachte ich früh auf und ging sofort los, um neben der Bahnstrecke der aufgehenden Sonne entgegenzulaufen. Ich spürte die Energie, die in meinen Körper zurückkehrte, und der hohe weite Himmel gab mir ein Gefühl von Geborgenheit. Später, als ich mit Manuel und Beto durch die winterbleiche Prärie von New Mexico fuhr, konnte ich es nicht fassen, nach über einem Jahr am Computer wieder draußen im Freien zu sein. Keiner von uns sagte ein Wort, wir lauschten den Funkscannern, die nach Geheimfrequenzen der

Kartellscouts suchten. In der Nähe der Grenze waren dann krächzende Stimmen zu hören. Ich studierte topografische Karten, um Hügel und andere höher gelegene Orte ausfindig zu machen, von denen aus wir das Terrain und die Bewegungen von Fahrzeugen beobachten konnten.

Nachts wurde ich im Schlaf von unruhigen Bildern verfolgt. Ich träumte von einer Höhle, die übersät war mit Körperteilen, von einer Landschaft ohne Farbe, ohne Licht. Ich bemerkte einen Wolf, der in der Dunkelheit seine Runden drehte, und spürte seine Pfoten schwer auf meiner Brust, seinen heißen Atem an meinem Gesicht.

Ich erwachte von Betos Schnarchen, suchte im schwachen Schein meines Handydisplays mein Notizbuch und schloss mich damit im Badezimmer ein. Auf der Toilette sitzend, schrieb ich rasch alle Einzelheiten des Traums auf, an die ich mich erinnern konnte. Dann schaute ich minutenlang in den Spiegel und versuchte, mich wiederzuerkennen.

Am nächsten Morgen saßen Hayward und die beiden anderen schon beim Frühstück in der Lobby. Niemand begrüßte mich, als ich mich mit einer Schale Cornflakes und einem Becher Pfirsichjoghurt zu ihnen setzte. Manuel sah schließlich von seinem Teller mit dünnflüssigem Rührei auf. Hey, *mijo*, sagte er, Beto hat erzählt, dass du dir mitten in der Nacht im Badezimmer einen runtergeholt hast. Schweigen breitete sich am Tisch aus, doch dann wieherten Beto und Hayward los. Ich hab mich echt bemüht, leise zu sein, sagte ich und sah erst Manuel, dann Beto an. Sorry, Alter, sagte ich, du solltest halt nicht mitbekommen, dass ich mit deiner Mutter telefoniere. Beto boxte mich in die Seite, während die anderen in brüllendes

Gelächter ausbrachen. *No me chingues*, sagte er. Meine Mama steht nicht auf *güeritos* wie dich. Hayward lehnte sich zurück. Jungs, rief er, lange nicht so gelacht. Er stand auf und richtete seinen Pistolengürtel. Beto musterte ihn. Wahnsinn, Boss, diese Stiefel sind ja richtig geputzt. Stimmt, sagte Hayward, ich hab heute noch ein paar Besprechungen mit den Chefs von der Station hier in Lordsburg. Du glaubst doch nicht, dass ich Karriere gemacht hätte, wenn ich so rumlaufen würde wie du? Er rückte seinen Stuhl zurecht. Also, Jungs, bis heute Abend.

Während der Fahrt in Richtung Grenze lehnte ich den Kopf ans Fenster und versuchte, die Bilder loszuwerden, die in mir herumschwirrten, versuchte, Trost zu finden beim Anblick der weiten Täler und bewaldeten Berge. Ich merkte, dass ich das Gelände nach Hinweisen absuchte, die mir diesen grauenhaften Traum erklären könnten. Ich wusste, dass Wölfe früher in dieser Gegend gelebt hatten, durch Berge und Täler gestreift waren, bis sie, als Bedrohung empfunden, ausgerottet wurden. Ich wusste auch, dass einige Wölfe versuchsweise wiederangesiedelt worden waren – kleine, sorgsam gezüchtete Rudel, freigelassen in streng überwachten Revieren, um langsam wieder in einem Terrain heimisch zu werden, das ihnen einst gehört hatte.

Betos Handy riss mich aus meinen Gedanken. Ich kann dich nicht verstehen, Ma, rief er, *tranquila*. Er bat Manuel, rechts heranzufahren. Er öffnete die Tür und ging ein paar Schritte, das Telefon ans Ohr gepresst. Ich beobachtete ihn, wie er hin- und herlief, das Telefon schließlich wieder einsteckte und auf das kniehohe Gras starrte.

Wir fuhren weiter auf einer breiten Piste durch das Animas Valley. Plötzlich stieg Manuel auf die Bremse. Was gibt's?, fragte ich. Schsch, flüsterte Beto und zeigte auf die Straße. Vor uns, kaum fünf Meter entfernt, stand eine Antilope, die uns mit leuchtenden Kulleraugen ansah, als wären wir Gespenster. Rechts neben dem Wagen stand ein zweites Tier verängstigt am Straßenrand. Später, als wir hinauffuhren in die Kiefern-Eichen-Wälder der Peloncillo Mountains, lief eine Horde Weißrüssel-Nasenbären vor uns her, ohne uns zu beachten, etwa dreißig Stück, die mit spitzer Nase auf der Erde herumschnüffelten, den runden Bauch fast auf dem Boden, den Schwanz hoch aufgerichtet.

Wir hielten an einem aufgegebenen Camp in den Peloncillos, um unseren mitgebrachten Lunch zu essen. Beto und ich saßen an einem Picknicktisch, während Manuel im Wagen bei den Funkscannern blieb. Alles okay?, fragte ich Beto. Er legte sein Sandwich auf den Tisch. Mein Cousin ist gestern in Juárez gestorben. Meine Mama hatte gerade die Nachricht bekommen. Sie weiß noch nicht, wie es passiert ist. Schweigend aßen wir unsere Sandwiches, doch dann lachte Beto plötzlich und fing an, Geschichten zu erzählen. Er erzählte, wie er mit seinem Cousin die Grenze überquert hatte, weil sie in Juárez schon Alkohol bekamen. Er erzählte mir von House Partys in El Paso, wie sie draußen in der Wüste getrunken und wie sie, endlich einundzwanzig geworden, in Clubs und Bars Mädchen angebaggert hatten. Er verlor sich in Erinnerungen, schüttelte den Kopf. Ich bemerkte, dass er einen roten Vogel beobachtete, der in einer Eiche umherflatterte. Schon komisch, sagte Beto, diese ganzen Tiere. Gestern, als ich am Straßenrand pinkelte, flog ein großer schwarzer Schmetterling direkt an mir vorbei. Ich muss dauernd daran denken. Nervös fuhr er fort, als fürchtete er sich vor meiner Reaktion. Vor ein paar Jahren, sagte er, einen Tag, bevor meine Großmutter starb, habe ich genau so ein Exemplar in der westtexanischen Wüste gesehen, es flog ganz nah über dem Gras.

Am späten Abend, nach der Arbeit, fuhr Hayward mit uns hinauf in die Berge. Bald waren beiderseits der Straße kleine Schneeteppiche zu sehen. In der Stadt parkten wir am alten Theater und gingen in die nächstbeste Bar, die The Buffalo hieß. Nachdem wir bestellt hatten, steckte ich ein paar Münzen in die Jukebox. Bei den ersten Klängen von Marty Robbins' »El Paso« zog sich ein breites Lächeln über Betos Gesicht, er warf mir einen Blick zu und stieß einen *grito* aus.

Nach einem Bier ging ich mit Manuel hinaus in die Kälte, um an einer nahe gelegenen Tankstelle Zigaretten zu besorgen. Auf dem Rückweg blieben wir an einer Brücke über einer tief eingeschnittenen Gebirgsschlucht stehen und rauchten. Meine Frau und ich werden ein Haus kaufen, sagte er, östlich von El Paso. Super, sagte ich, gratuliere! Manuel starrte in die Tiefe. Ich bin der Erste in meiner Familie, der ein eigenes Haus haben wird, sagte er.

Als wir die Bar wieder betraten, unterhielt Beto sich gerade mit einer Frau mittleren Alters, eine Hand lag auf ihrem Schenkel. Das ist Suzy, sagte er. Sie meint, wir sollten uns das Opernhaus weiter oben in den Bergen ansehen. Na dann, sagte Hayward. Wir gingen hinaus und kletterten in seinen Pick-up. Suzy dirigierte uns eine kurvenreiche Straße hinauf. Aus den Fenstern des alten Opernhauses fiel warmes Licht, im Innern herrschte lebhaftes Treiben, es roch nach Kaminfeuer. Fußboden und Decke waren aus Holz, die Adobe-Wände sahen vermutlich genauso aus wie vor hundert Jahren. Wir bestellten

Bier und hörten den Männern zu, die sangen und Fiddle spielten, Wärme, Rauch und Lärm erfüllten den Raum. Irgendwann wurde es mir zu viel, ich ging mit Hayward nach draußen. Er erzählte von seiner Frau, er habe seine beste Freundin geheiratet, und dass es die Richtige ist, wisse man, wenn sie einen nicht ändern will, sondern einen so akzeptiert, wie man ist.

Manuel und Beto hatten bald genug von der Musik. Wir fuhren wieder zurück, den Berg hinunter, Suzy wollte noch auf einen letzten Drink ins Buffalo. Nach einer weiteren Runde Bier war Beto nicht mehr ganz sicher auf den Beinen. Er tanzte mit Suzy, steckte Dollar um Dollar in die Jukebox, während Manuel und ich mit Hayward zusammensaßen. Er erzählte, noch immer nüchtern, von seiner Kindheit in Virginia. Auf der Highschool hatte er Quarterback gespielt, seine spätere Frau war Cheerleaderin. So haben wir uns kennengelernt, sagte er, beim Football. Sein Vater, damals Polizeichef, hatte ihn ermuntert, gleich nach der Schule zur Polizei zu gehen. Noch nie hatte ein so junger Rekrut bei ihnen angefangen.

Hayward lächelte, als ein alter Country Gospel Song gespielt wurde. Früher habe ich mit meinen Geschwistern in einer Gospelgruppe gesungen. Wir sind bei einigen großen Shows als Vorgruppe aufgetreten, sagte er lächelnd, sind ein bisschen herumgekommen. Ich habe einen Song geschrieben, der von einer bekannten Gospelgruppe aufgenommen wurde. Ich sah, wie Beto sich vorbeugte und Suzy küsste.

Auf der Rückfahrt saß Beto vorn und schnarchte. Unten im Tal funkelten die Lichter der Stadt wie ein Glücksversprechen.

Manuel, Beto und ich fuhren durch ein breites Wüstental in Richtung Grenze. Stundenlang standen wir neben einem Wassertank in einem tief gelegenen Canyon und verfolgten über Funkscanner die Gespräche der Drogenscouts, einer auf einer Anhöhe im Westen, der andere in den Bergen über uns. Ein Mann mit dem Codenamen Metro 4 kommunizierte mit Alpha 3, beschrieb jede unserer Bewegungen, wann wir von der Piste abbogen oder hielten oder ausstiegen, um zu pinkeln. Bei Einbruch der Nacht gaben die Scouts ihre Positionen auf, die Frequenzen verstummten.

Als wir am nächsten Tag wieder Posten bezogen, blieben die Frequenzen noch immer stumm. Nachts standen wir neben dem Wassertank, über uns an einem mondlosen Himmel funkelten die Sterne. Wir lauschten einer Gruppe von Kartellangehörigen, die südlich der Grenze auf Beobachtungsposten waren und nach Manuels Eindruck einen bewaffneten Konvoi verfolgten, der auf einer mexikanischen Schnellstraße unterwegs war. Wir konnten hören, wie sich die Stimmen einiger Männer vor Erregung überschlugen, andere panisch wimmerten. Die Beobachter sollen den lokalen Boss schützen, sagte Manuel, der Konvoi besteht aus Angehörigen eines rivalisierenden Kartells. Später meldete sich ein gewisser Victor Chulo, der seinen Leuten erklärte, dass der Konvoi mit Genehmigung des Chefs in ihrem Territorium unterwegs sei. Vermutlich wollen sie zu einer Ranch, wo eine Besprechung von Kartellbossen stattfindet, sagte Manuel. Ich stellte mir vor, wie diese Ranch aussah, wie die Sterne von dort aus wohl aussahen. Sie muss oben in den Bergen sein, dachte ich, gut versteckt an einem schönen Ort, wo ich unter keinen Umständen auftauchen durfte.

Ab 2008 führte Charles Bowden eine Reihe von Interviews mit einem ehemaligen Auftragskiller, einem Sicario, wie solche Leute in Mexiko heißen. Bowden vereinbarte mit dem Mann, dass an mehreren Tagen Gespräche geführt werden sollten, aufgezeichnet mit einer Videokamera, aus denen der italienische Filmregisseur Gianfranco Rosi seinen Dokumentarfilm *El Sicario, Room 164* [*Der Auftragskiller – Zimmer 164*] zusammenschnitt. Die Bereitschaft zu einem Interview hatte der Sicario an die Bedingung geknüpft, dass seine Stimme verfremdet und sein Gesicht unkenntlich gemacht wird. Auf Rosis Vorschlag trug er ein schwarzes Tuch über dem Kopf, das an die Kapuzen erinnerte, wie sie früher von Henkern getragen wurden.

In Bowdens Vorwort zu seinem Buch, in dem diese Interviews abgedruckt sind, schreibt er über den Sicario: »Nichts in seiner äußeren Erscheinung verrät, wer er einmal war und was er getan hat.« Dieser Mann hat »Menschen entführt, gefoltert, getötet, sie in Einzelteile zerlegt und begraben – alles Dinge, von denen wir uns nicht vorstellen können, dass wir dazu in der Lage wären.« Und so beschreibt der Sicario den Akt des Tötens: »Wenn ich den Befehl bekam, habe ich einfach abgedrückt. Ich hatte nie irgendwelche Zweifel. Ich habe nie nachgedacht. Ich kannte den Betreffenden nicht … für mich war es ein Niemand.«

Außerdem seien er und all die anderen Kartellangehörigen, die er kannte und mit denen er arbeitete, bei der Durchführung eines Auftrags praktisch immer high und betrunken gewesen. »Erst zwei, drei Tage später [nachdem er jemanden getötet oder gefoltert hatte], als ich wieder völlig nüchtern war, wurde mir klar, was ich getan hatte. Die Drogen und meine

Umgebung hatten mich total im Griff. Man konnte mich mühelos manipulieren. Ich war nicht mehr ich selbst.«

Sobald die Entführten hingerichtet waren, wurden die Leichen in sogenannten *narcofosas* (Massengräbern) verscharrt. »Wenn es hier in der Grenzregion, sagen wir, hundert *narcofosas* gibt, dann wurden höchstens fünf oder sechs entdeckt. Ich kann nicht genau sagen, wie viele Leute auf diese Weise begraben wurden. Unmöglich. Trotzdem sind diese Zahlen sehr wichtig, sehr repräsentativ. Können Sie sich hundert Personen vorstellen, die auf einem Friedhof begraben sind, übereinander? Können Sie sich vorstellen, wie es ist, diese Leute zu identifizieren, sie wiederzuerkennen? Können Sie sich vorstellen, dass auf einer Fläche von hundertzwanzig Quadratmetern, zehn Meter mal zwanzig, fünfzig Personen begraben sind, in einem gemeinsamem Grab?« Und er beschreibt, wie die Kartelle verfahren, um eine Identifizierung der Leichen zu erschweren. »Es ist erforderlich, Kalk und andere Chemikalien über die Leichen zu kippen und sämtliche Kleidungsstücke und persönlichen Gegenstände zu entfernen, damit keine Spuren übrig bleiben, anhand derer sie identifiziert werden können.«

Nachdem unser Einsatz in New Mexico beendet war, kehrten Manuel und Beto für das Wochenende nach El Paso zurück, während ich beschloss, meinen Onkel zu besuchen, der kürzlich in Rente gegangen und von Santa Fe an den Rand einer kleinen Stadt im Boot Heel gezogen war. Freitagabend nach Einbruch der Dunkelheit traf ich ein. Mein Onkel begrüßte mich an der Tür, aus der warmes Licht nach draußen fiel. Er umarmte mich. So viele Jahre, sagte er. Er trat einen Schritt zurück, um mich zu mustern. Gut schaust du aus, sagte er und forderte mich auf, einzutreten.

Im Innern standen überall Kartons und Möbelstücke herum. Er lachte nervös. Ich hab das hier gemietet, bis das Haus fertig ist. Morgen könnten wir einen kleinen Ausflug machen, wir fahren an dem Grundstück vorbei, und du sagst mir, was du davon hältst.

Am nächsten Morgen wachte ich auf der Couch auf. Mein Onkel war nicht da. Verschlafen wanderte ich umher, betrachtete die alten Fotografien, die mein Onkel in Schachteln aufbewahrte. Fotos von ihm und meinem Vater, seinem einzigen Bruder, beim Wandern in den Bergen von Südkalifornien und New Mexico, beim Fliegenfischen an glitzernden Bergbächen. Mein Onkel, der kinderlos war, hatte unzählige Aufnahmen von mir und meinen Halbgeschwistern aufbewahrt, die jeweils etliche Jahre auseinander sind und weit verstreut leben, Fotos von uns als Säuglinge und Kleinkinder, als Schüler, die unbeholfen für Klassenfotos posieren. In einer anderen Schachtel lagen Bilder von meinem Vater, strahlend an der Seite unserer jungen Mütter, seiner vielen Ehefrauen. Auf einem Foto steht er an irgendeinem Strand mit der Mutter meiner jüngsten Halbschwester. Auf einem anderen sieht man ihn in einer grünen Landschaft mit meiner Mutter am ersten Tag ihrer kurzen Ehe, sie in weißer Baumwollbluse mit einem roten Schal, er mit einem gestreiften Hemd über der Hose, das im Wind flattert.

Ich schaute hoch, sah meinen Onkel draußen vor dem Haus näher kommen. Vom Küchenfenster aus verfolgte ich seine langsamen und ungelenken Bewegungen, sah, dass er schwere Arbeitshandschuhe trug. Seit Jahren fraß sich eine degenerative Erkrankung des peripheren Nervensystems durch seinen Körper, griff Muskelgewebe in Füßen, Armen und Händen an, und weil er die Füße nicht mehr richtig abrollen konnte, hob er beim Gehen die Knie bis auf Hüfthöhe. Die Handschuhe, erzählte er mir später, sollten die Hände schützen, falls er stolperte und hinfiel.

Nach einem kleinen Frühstück fuhren wir zu dem Grundstück, unweit der Grenze zu Arizona, auf dem das neue Haus meines Onkels gebaut werden sollte. Ist nichts Besonderes, sagte er und zuckte mit den Schultern. Beim Anblick des flachen, ausgedörrten Graslands und der struppigen Mesquite-Sträucher ahnte ich, dass er Bedenken hatte wegen der isolierten Lage, dass er sich wünschte, ich würde etwas Schönes an der weiten Landschaft finden, an dem unglaublich klaren, hohen Himmel. Ich bin mir nicht sicher, was mich hierherzieht, sagte er, wahrscheinlich finde ich es einfach gut, in einer Gegend zu leben, die noch immer etwas Wildes hat. Ich schaute über sein Land, bis an den Horizont. Ringsum kannst du überall Berge sehen, sagte ich.

Wir fuhren nach Westen, in Richtung der Chiricahua Mountains, und hielten an einer Stelle, wo ein Gebirgsbach quer über den Weg floss. Wir stiegen aus. Mein Onkel zeigte auf die kahlen Platanen, die den Bach säumten. Ihretwegen bin ich hierhergekommen, sagte er. Sie erinnerten ihn an die Platanen in den Bergen von Südkalifornien, wo er im Sommer als junger Mann mit meinem Vater auf einer Apfelplantage gearbeitet hatte. Er erzählte von dem Tag im Jahr 1992, als er, auf Hochzeitsreise mit seiner zweiten Frau, zu dieser Stelle gekommen war, wo ein Bach über den Weg floss, und wie überrascht er beim Anblick dieser großen weißen Bäume gewesen war, die ihn an seine Jugend erinnerten, und es klang, als habe er einen geschätzten Gegenstand, vor langer Zeit weggegeben, endlich wiedergefunden. In der Nacht, sagte mein Onkel, konnte ich wegen der Platanen nicht schlafen. Am nächsten Tag fuhren er und seine Frau in die Berge oberhalb des Bachs und kamen zu einem kleinen, wunderbaren Apfelgarten. Mein Onkel schaute bachaufwärts. Ich bin immer wieder dort oben in den Bergen gewesen, seit ich hierhergezogen bin, aber ich kann nichts mehr davon entdecken, keine überwachsene Lichtung, nicht einmal einen alten Baumstumpf. Er rieb die Hände gegen die Kälte und schaute auf den langsam dahinfließenden Bach. Ich träume noch immer von Apfelgärten, sagte er.

Am späten Vormittag erreichten wir den Horseshoe Canyon und machten uns auf den Weg zur nördlichen Gabelung. Als wir an verkohlten Bäumen vorbeikamen, erzählte mein Onkel von all den Eingriffen in die Natur, die er während seiner Jahre als Bauunternehmer in Santa Fe hatte vornehmen müssen. Einmal hatte er eine mächtige Kiefer gefällt und zu Kleinholz gemacht. Ein andermal hatte er in einer unberührten Berggegend eine Straße gebaut. Wochenlang habe er sich schuldig gefühlt, sagte er, die Bilder hätten ihn noch im Schlaf verfolgt. Manchmal ist es sehr bedrückend, sagte er, wenn ich an all die Bäume denke, die ich gefällt, all die Wunden, die ich der Natur zugefügt habe.

Ich wollte meinem Onkel sagen, dass ich Menschen kenne, die viel schlimmere Sachen tun, dass ich noch immer Bilder von Landschaften in mir trage, die verwüstet sind, übersät mit abgefackelten Autowracks und rostigen Fahrrädern, Gegenden, wo selbst die einsamsten Pfade und Pisten von allem möglichen Müll gesäumt sind – Decken und Bündel, Kleidungsstücke und zerschnittene Kabel, Schnüre und Plastikhandschellen, schwarz gefärbte Wasserflaschen, zertreten und aufgeschlitzt. Ich wollte meinem Onkel sagen, dass ich Menschen kenne, die die Natur sinnlos verschandeln, Autositze und Möbelstücke auf entlegenen Bergen und in Washes entsorgen, Kakteen mit Damenunterwäsche dekorieren, verbogene Fahrräder an ausladende Saguaros hängen, Felsbrocken über steile Abhänge hinunterpurzeln lassen und alles nur Brennbare anzünden – herrenlose Autos und Müllberge und Wüstenpflanzen, die nächtelang qualmen und schwelen.

Wir gingen weiter, bis wir zu einem Staudamm kamen, wo wir Pause machten, um unseren Lunch zu essen – Äpfel, Käse, und Erdnussbutter. Mein Onkel sah wie ein kleiner, zarter Vogel aus, wie er da vor mir saß, und ich wunderte mich über seine Fähigkeit, die Landschaft zu zerstören, obwohl er die unberührte Natur als tröstlich empfand. Wie läuft's in deinem Job?, fragte er. Ich überlegte, was ich antworten konnte. Ich wollte ihm sagen, dass ich schlecht schlief, dass mich die Gewalt so sehr beschäftigte, dass ich kaum noch Augen für die Schönheit der Natur hatte. Ich wollte ihm sagen, dass er in dieser Grenzregion vermutlich keinen Frieden finden würde. Ich schaute auf das Wasser, das der einsinkende Damm noch hielt, und seufzte tief. Der Job ist gut, sagte ich schließlich. Es ist schön, nicht mehr am Schreibtisch zu sitzen, sondern wieder im Außendienst zu sein. Mein Onkel schaute, auf einen Arm gestützt, genau wie ich, über die dunkle Wasserfläche.

Später, auf dem Rückweg zu seinem Pick-up, dachte ich kurz daran, von meinem Wolfstraum zu erzählen, von meiner Angst, verrückt zu werden. Wir gingen nebeneinanderher. Ich sah, wie er die Knie anhob und die schlackernden Füße mit einem dumpfen Geräusch aufsetzte. Für einen kurzen Moment dachte ich daran, dass das Blut, das in seinen Adern floss, auch in mir ist, Blut, das den Kopf mit Visionen füllt, im Schlaf wie wild pocht und allmählich die Muskeln zerfrisst. Blut, in dem Verderben ist.

Am Abend lief ich durch die Straßen von El Paso, bis zur Rim Road und hinauf zum Scenic Drive. Die Luft war kalt und schwer nach dem Winterregen, und aus den Schornsteinen östlich der Stadt stiegen weiße Rauchfäden. Nach Süden ging mein Blick über das Häusermeer zu den Wolken, die sich dunkel über den Juárez Mountains auftürmten, wo mit weißer Farbe die Mahnung »CD JUÁREZ, LA BIBLIA ES LA VERDAD, LEELA« auf den blanken Fels gemalt war. Die Schrift war schief und ungelenk, aber sie erinnerte mich daran, wo ich war, oberhalb von zwei Städten, die auf dem Grund eines ursprünglich breiten Stroms errichtet waren, umgeben von felsigen Bergkuppen, zwei brodelnde und flimmernde Städte, deren Bewohner sich auf die Nacht vorbereiteten.

In El Paso zu leben hieß damals, in unmittelbarer Nachbarschaft einer bedrückenden Gewalt angstfrei leben zu können. Wenn ich durch die Stadt lief, von der Arbeit nach Hause fuhr, wehte der Horror von Juárez durch die Luft wie die Erinnerung an einen geplatzten Traum. In den Nachrichten, in wissenschaftlichen Untersuchungen, in Literatur und Kunst erschien Juárez durchweg als Terrain von Maquiladores, Narcos, Sicarios, Kriminellen, Soldaten, Polizisten, Armut, Mord, Vergewaltigungen, Entführungen, Massakern, Schießereien, Bandenkriegen, Massengräbern, Korruption und Verfall – als soziales und ökonomisches Schreckenslabor. Dieses Narrativ einer Stadt im Schatten der Grenze, mit schwachen Institutionen und einer terrorisierten Bevölkerung, gehörte inzwischen zu ihrem Erbe und übertrug sich auf alle, die in den Umkreis dieser Stadt gerieten. Um an ihrer Peripherie einigermaßen unbeschwert existieren zu können, verdrängte ich alles, was dort geschah, so wie man die Bilder eines Albtraums verdrängt, um durch den Tag zu kommen.

Und während sich die Nacht über das Tal senkte, versuchte ich den genauen Verlauf der Grenze zu erkennen, die sich durch dieses Lichtermeer zog. Ich dachte an all die Orte, die ich in Juárez gesehen hatte – die Drehkreuze und Taco-Verkäufer, die Läden und Imbissstände, die blinkenden Ampeln und belebten Kreuzungen, ich dachte an die Menschen, die wie selbstverständlich einander mit größter Liebenswürdigkeit begegneten, die in der Stadt lebten, als wäre es das Normalste von der Welt, als müsse man ihre Stadt unbedingt sehen, als gäbe es keinen Grund, von dort wegzuziehen. In diesem Moment spürte ich eine Energie, die mich nach Juárez zog, um dort unbesorgt durch die Parks, durch die Straßen, durch die Markthallen zu schlendern. Ich spürte diese Anziehungskraft, obwohl ich wusste, dass ich ihr nicht nachgeben würde, dass etwas, für das ich mich entschieden hatte, mich nun davon abhielt, die Grenze zu überqueren.

In *Ringside Seat To a Revolution* untersucht David Dorado Romo, wie die mexikanische Revolution in den beiden Schwesterstädten am Rio Grande, die als »geistiger Nährboden« des Aufstands fungierten, »fotografiert, gefilmt und zu Geld gemacht« wurde. Vor der Schlacht von Juárez herrschte eine volksfestartige Stimmung in El Paso, in beiden Städten wimmelte es von Journalisten, Fotografen und Reportern aus aller Welt, aber auch von Söldnern, Abenteurern, Hochstaplern und Zuschauern. Schaulustige kamen über den Rio Grande, um in den Camps am Südufer mit Aufständischen zu posieren, die, Gewehr in der Hand und Patronengurte über der Schulter, martialische Entschlossenheit demonstrierten.

Als es im Mai 1911 schließlich zur Schlacht kam zwischen Soldaten, die dem Präsidenten Porfirio Díaz loyal ergeben waren, und den Aufständischen, Anhänger von Francisco Madero, die von Oberst Pancho Villa und General Pascual Orozco kommandiert wurden, »stiegen [die Bewohner von El Paso] auf die Dächer von Zügen und Häusern«, um das Blutvergießen zu beobachten. Für fünfundzwanzig Cent gab es einen Aussichtsplatz auf dem Dach des Mills Building, des Sheldon Hotel, des Bahnhofsturms oder der El Paso Laundry, und wenn nicht gekämpft wurde, bekam man sein Geld zurück. In den Zeitungen von El Paso erschienen Hinweise folgenden Inhalts: »Es ist unklug, sich im Zusammenhang mit den Unruhen in unserer Schwesterrepublik Gefahren auszusetzen. Mit einem anständigen Fernglas kann man alles sehen, selbst die kleinsten Details.« Das Bedürfnis, die Kämpfe zu verfolgen, war so stark, dass »die Menschen dafür ihr Leben riskierten«. Während der Schlacht »wurden fünf El Pasoaner auf der amerikanischen Seite getötet und achtzehn verwundet«.

Die Zeitungen meldeten, dass Juárez aussah, als sei »ein Hurrikan über die Stadt hinweggefegt«. Häuser wurden gesprengt und brannten die ganze Nacht hindurch. Bei Tageslicht zeigte sich, dass die Straßen übersät waren »mit Holzsplittern, Gips, zerbrochenen Fensterscheiben und Adobe-Steinen«. Für einige war die Zerstörung von Juárez ein

Wunderwerk. Joseph Sweeney, vormaliger Bürgermeister von El Paso, staunte über den »schönen Anblick, wenn die Granate in der Luft explodiert und ihre todbringenden Schrapnelle in den umliegenden Bergen und Tälern niederregnen«. Sightseeing-Unternehmen machten anschließend Reklame für Ausflüge zu den Ruinen dieser »kriegsversehrten« Stadt.

Nur ein Jahr zuvor hatten die Bewohner beider Städte von den Dächern ihrer Häuser ein ganz anderes Ereignis beobachtet – den Halleyschen Kometen, der wochenlang mit dem bloßen Auge am Nachthimmel zu sehen gewesen war. In Monterrey, tausend Kilometer entfernt, wuchs derweil mein ungeborener Großvater im Bauch seiner Mutter heran. Ich stelle mir vor, wie die Familie in einer kühlen Frühsommernacht einen höher gelegenen Ort aufsucht, meine Urgroßeltern drücken ihre Kinder an sich, und alle schauen gebannt in den Himmel. Ich stelle mir meine Großtante Frances vor, für die der Komet eine rätselhafte Lichterscheinung gewesen sein muss.

Beto lud mich ein, mit ihm und seinen Freunden einen Nachtclub in El Paso zu besuchen. Wir bahnten uns einen Weg durch die Menge spärlich bekleideter Frauen und schwitzender Männer. Mir fiel eine rot gekleidete Frau auf, die im VIP-Bereich in der Mitte des Saals mit einem Mann tanzte. Beto brüllte mir ins Ohr, dass ich die Frau besser nicht anstarren solle. Was?, brüllte ich zurück. Sie ist mit einem Narco zusammen, sagte er und deutete auf den Mann, dessen Hände auf der Hüfte der Frau lagen.

Fast die ganze Nacht tanzte ich mit einer dünnen, dunkelhaarigen Frau. Irgendwann ging sie mit mir hinaus ins Freie, um eine Zigarette zu rauchen. Mir gefällt es hier nicht, sagte sie. Was meinst du?, fragte ich. Als ich vorhin auf der Toilette war, kam ein Paar auf mich zu und sprach mich an. Sie waren älter, so um die vierzig, sie sahen aus, als hätten sie Geld – sie waren gut gekleidet, trugen teure Sachen. Ihr Spanisch klang, als wären sie Spanier. Sie wollten mich irgendwohin einladen, zu sich oder zu einem Bekannten, ich weiß nicht genau. Irgendetwas an der Geschichte hat mir nicht gefallen, sagte sie. Sie rauchte ihre Zigarette hastig zu Ende, zupfte sich das Kleid zurecht und verschränkte die Arme über der Brust.

Wir gingen wieder hinein, und im nächsten Moment war die Frau in der Menge verschwunden. Als die Bars am frühen Morgen schlossen und alles ins Freie strömte, hielt ich auf der Straße Ausschau nach ihr.

Ab Mitte der 1990er-Jahre wurden die Frauenmorde zum Wahrzeichen von Ciudad Juárez, zum Symbol der Gewalt und der brutalen Verhältnisse an der Grenze. Sergio González Rodríguez, Journalist aus Mexiko-Stadt, berichtete als einer der Ersten für eine überregionale Zeitung über die Morde. In *The Femicide Machine* (2012) beschreibt er das archetypische Verbrechen jener Zeit: »Die Opfer wurden auf den Straßen von Ciudad Juárez entführt und in entlegene Häuser gebracht, wo sie bei Herrenabenden oder Orgien vergewaltigt, gefoltert und ermordet wurden. Die Leichen wurden wie Müll beseitigt – in der Wüste, auf der Straße, in irgendeiner Ecke, auf Freiflächen in den Städten, am Stadtrand.« Die Täter negierten auf diese Weise das Menschsein ihrer Opfer. »Die Leiche einer vergewaltigten, missbrauchten, halb nackten Frau auf einen Müllhaufen zu kippen stellt eine zusätzliche Erniedrigung des Körpers dar. Dieser Akt hebt den Unterschied zwischen

Gegenstand und Mensch auf und schafft barbarisches Chaos ... Das Opfer wird auf diese Weise noch einmal an seinen untergeordneten Status im Haus und auf dem Arbeitsmarkt erinnert ... Das Opfer soll keine Identität haben.«

Obwohl die Frauenmorde von Ciudad Juárez zunehmend internationale Beachtung fanden, trug der Sensationsjournalismus zu einer Verschleierung der Verhältnisse bei. Die Opfer wurden als junge, schwache Frauen hingestellt, die in ausländischen Unternehmen *(maquiladoras)* beschäftigt waren und während der Fahrt zum oder vom Arbeitsplatz oder in den Nachtclubs von Juárez in die Fänge ihrer Peiniger gerieten. In einem Interview mit dem *Texas Observer* weist Molly Molloy darauf hin, dass diese Darstellungen einer Fetischisierung der Opfer gedient hätten, insofern als die Frauen als »Opferlamm« und »Leidenssymbol« porträtiert wurden. Die sexualisierte Sprache rund um das Thema Frauenmord habe die Betroffenen erotisiert und die Frauen, »von denen viele arbeiten und die einzigen Geldverdiener in der Familie sind«, hilfloser und ohnmächtiger erscheinen lassen, als sie tatsächlich waren.

Zuerst wurde angenommen, die ermordeten Frauen von Juárez seien einem Serienmörder zum Opfer gefallen. Nachdem der mutmaßliche Täter gefasst war, wurden anschließende Verbrechen auf Nachahmungstäter oder auf sexbesessene frauenfeindliche Banden geschoben. Städtische und staatliche Vertreter behaupteten, die Frauen trügen eine Mitschuld, weil sie Nachtclubs oder Bars aufsuchten. Die Stadt wurde als Kampfplatz beschrieben, als Terrain von Verbrechern. Wo ständig Lebensgefahr droht, ist kein Raum für Trauer. In Juárez führte dies dazu, dass all jene, die die Gewalt herunterspielten, aber auch diejenigen, die auf sie aufmerksam machen wollten, den einzelnen Verlust auf fast ritualisierte Weise negierten.

An einer Aufklärung der Morde waren die Strafverfolgungsbehörden nicht ernsthaft interessiert. Im Jahr 2003 reiste der UN-Ausschuss für die Beseitigung der Diskriminierung der Frau nach Juárez, um die dort verübten Fälle von Gewalt gegen Frauen zu untersuchen. Im Bericht des Ausschusses wird festgestellt, dass »bei Sexualverbrechen die Mörder bislang straffrei ausgegangen sind. Nach Auffassung fast aller Quellen, darunter auch Vertreter der [mexikanischen] Bundesregierung, Direktoren staatlicher Behörden und mehrere Senatoren, muss davon ausgegangen werden, dass die lokalen Behörden seit vielen Jahren mit den mutmaßlichen Tätern … komplizenhaft zusammenarbeiten.«

Sandra Rodríguez Nieto, erfahrene Investigativreporterin der Zeitung *El Diario de Juárez,* schreibt in ihrem Buch *La fábrica del crimen* über ihre Interviews mit Opfern von Gewalt in Juárez: »Fast jeder meiner Gesprächspartner, die im Zusammenhang mit den Frauenmorden mit der Strafjustiz von Chihuahua zu tun hatten, bezeichnet dieses System als die schlimmste Erfahrung seines Lebens: die Opfer erfahren keine Gerechtigkeit, den Angeklagten werden grundlegende Rechtsgarantien vorenthalten – weshalb davon ausgegangen werden kann, dass die tatsächlichen Mörder noch immer frei herumlaufen.«

Das renommierte argentinische Forensikerteam Equipo Argentino de Antropología Forense (EAAF) – eine 1984 gegründete unabhängige Menschenrechtsorganisation, die die tausendfachen ungelösten Fälle von Verschwundenen aufklären will, die auf das Konto der argentinischen Militärdiktatur gehen – nahm 2004 eigene Ermittlungen zu den Frauenmorden von Juárez auf. In später veröffentlichten Berichten ist die Rede von einem unfähigen Justizsystem, und den Ermittlungsbehörden werden »schwere methodische und diagnostische Unregelmäßigkeiten« bei der Identifizierung der Opfer vorgeworfen. Anhand von mehr als dreißig unidentifizierten Leichen, die in Massengräbern entdeckt worden waren, zeigte sich, dass staatliche Behörden die sterblichen Überreste nicht gekennzeichnet hatten, was in manchen Fällen dazu führte, dass ausgegrabene Leichenteile verschiedener Personen wild durcheinandergeworfen worden waren. Individuelle Opfer waren also buchstäblich zu einer undifferenzierten Masse verschmolzen.

Die ungelösten Mordfälle waren in vielerlei Hinsicht eine Blaupause für die strukturellen Grundlagen der Gewalt, die bald in noch schlimmerem Ausmaß wüten sollte. 2008, wenig mehr als ein Jahr, nachdem Präsident Calderón den Kartellen den Krieg erklärt hatte, wurde Ciudad Juárez der Brennpunkt des Konflikts. Die Gewalt explodierte, die Stadt erlebte eine brutale Transformation. Juárez war nicht mehr die Stadt, in der Frauen ermordet wurden, sondern die Stadt, in der es alle traf. Auf dem Höhepunkt der Gewalt im Jahr 2010 wurden laut *El Diario de Juárez* mehr als dreitausend Morde registriert – durchschnittlich acht pro Tag –, was Juárez die Bezeichnung »Mordstadt« und den zweifelhaften Titel »Mordhauptstadt der Welt« eintrug. Zur gleichen Zeit galt El Paso als sicherste Stadt in den Vereinigten Staaten.

So alltäglich war das unterschiedslose Töten in Juárez und ganz Mexiko geworden, dass die Reportage von Damien Cave, der 2012 in der *New York Times* über eine neue Welle der Gewalt berichtete, die sich gegen die Frauen von Juárez richtete und noch brutaler war als die der 1990er und frühen 2000er, keinerlei Beachtung fand. »Die Leute sind nicht mehr so betroffen wie früher«, erklärte ihm ein Menschenrechtsaktivist. »Sie finden es normal.«

Manuel fragte Beto und mich, ob wir ihm am Wochenende beim Umzug in sein neues Haus helfen könnten. Am Samstagmorgen erschienen wir also und entluden mit den anderen einen großen Umzugswagen, der in der Auffahrt stand. Manuels Frau gab Anweisungen, wohin die Möbelstücke und Kartons kommen sollten, und die ganze Zeit liefen uns Manuels zwei Töchter zwischen den Beinen herum. Als die letzte Kiste schließlich ausgeladen war, setzten wir uns alle in die Küche und aßen Pizza. Manuel stellte uns seinen Eltern vor. *Este es mi otro hijo,* sagte er und zeigte auf mich. Lachend gab ich ihnen die Hand. *Mucho gusto,* sagte ich. Sie sprechen gut Spanisch, sagte Manuels Vater, sind Sie Mexikaner? Halb und halb, antwortete ich. Die Familie meines Großvaters kam aus Monterrey. Ah, sagte Manuels Vater. *Soy de Delicias, estado de Chihuahua.* Aber ich kenne Monterrey, sagte er. Ich habe überall in der Grenzregion Sattelschlepper gefahren. *Fui trocadero. Conozco todos partes.*

Manuels Eltern erzählten von den Städten im westlichen Texas und den nahe gelegenen Ortschaften auf der anderen Seite der Grenze. Wir sind hin und her gewechselt, als wäre es das Selbstverständlichste von der Welt, sagte seine Mutter. Als ich in Rente ging, haben wir die Kinder genommen und sind mit ihnen bis an den Golf gefahren, immer die Grenze entlang, sagte sein Vater. So eine schöne Reise, sagte seine Mutter mit einem Seufzer. Manuelito, erinnerst du dich noch an die kleinen Dörfer im Big Bend? Manuel zuckte mit den Schultern. *No me acuerdo, ma.* Ich erinnere mich gut, als wäre es gestern gewesen, sagte sein Vater. Die Leute sind den ganzen Tag hin und her gewechselt, als gäbe es die Grenze gar nicht. Die Männer sind mit ihren Pferden sogar durch den Fluss geritten, *como en la películas del viejo oeste*. Die Mutter lächelte. Es war wirklich wie in einem Film, sagte sie. Damals gab es nicht so viele Probleme. Wir sind mit den Kindern sogar nach Juárez gefahren. Übers Wochenende waren wir mit der ganzen Familie an den Seen und in den Bergen südlich der Stadt. Den Kindern hat es gefallen, sie haben geangelt und endlos im Wasser gespielt. Erinnerst du dich*, mijo?* Na klar, sagte Manuel und reichte seiner Tochter noch ein Stück Pizza. Seine Mutter seufzte. Man kann dort nicht mehr hinfahren.

Auf dem Rückweg von Manuels Haus sprachen Beto und ich zum ersten Mal über unser Leben vor dem Grenzschutz. Er habe immer schon Polizist werden wollen, sagte er. Er habe Strafrecht studiert, aber immer gewusst, dass er ein Abzeichen und eine Waffe tragen werde. Am Stadtrand von El Paso, wo er aufwuchs, habe der Eindruck vorgeherrscht, dass diejenigen, die es im Leben zu etwas bringen, im Sold der Kartelle standen oder dafür bezahlt wurden, sie zu bekämpfen. Ich fragte ihn, ob er sich vorstellen könne, noch einmal zu studieren. Er schüttelte den Kopf. Das ist mein Leben, sagte er. Ich bin jetzt knapp zehn Jahre dabei. Ich wollte wissen, ob er sich mal überlegt habe, aufzuhören. Er habe eine Hypothek, und sein Auto sei auch noch nicht abbezahlt. Auf das Geld könne er nicht verzichten, es sei denn, woanders verdiene er genauso viel. Ich lachte. Dieser Gedanke ist mir fremd, sagte ich. Wie meinst du das? Ich wohne in deinem Hinterhof, sagte ich. Ich könnte mir jederzeit was anderes suchen.

Beto sagte, wenn es beruflich vorangehen solle, müsse er entweder Supervisor werden oder in eine andere Behörde wechseln. Was könntest du dir denn vorstellen?, fragte ich. Das Außenministerium hat seine eigenen Sicherheitsleute, sagte er nach einer Weile. Diplomatischer Sicherheitsdienst. Da kommt man in der ganzen Welt herum. Er lächelte. Das wär nicht schlecht. Ich habe auch schon mal an das Außenministerium gedacht, sagte ich, allerdings nicht an den Sicherheitsdienst. Beto lachte. Du willst Botschafter werden? Das mit dem diplomatischen Dienst war mal so eine Überlegung, sagte ich. Aber das war vor meinem Eintritt in den Grenzschutz. Es gibt Stipendienprogramme. Man kann sich für Forschungsaufenthalte in jedem Land der Welt bewerben. Beto sah unverwandt nach vorn. *Qué chingón*, sagte er schließlich.

Wir schwiegen eine Weile. Du willst also aussteigen? Ich zuckte mit den Schultern. Ich bin noch nicht mal vier Jahre dabei. Na und? Das heißt doch nicht, dass du dir nicht etwas anderes vorstellen könntest. Stimmt, sagte ich. Ich habe oft überlegt, wieder zu studieren, Jura, politische Wissenschaften, so in der Richtung. Inzwischen bin ich mir nicht mehr so sicher. Als ich an der Uni war, habe ich mich die ganze Zeit mit internationalen Beziehungen beschäftigt, Einwanderung, Staatsgrenzen und so weiter. Ich habe Vorlesungen über Politik und Ökonomie gehört, habe Bücher gelesen, in denen Vorschläge entwickelt werden, wie man dieses unlösbare Problem angehen kann. Als ich beschloss, mich für diesen Job zu bewerben, hatte ich die Vorstellung, dass ich bei meiner Tätigkeit Dinge sehen würde, die mir die Sache mit der Grenze verständlicher machen würden. Ich dachte, ich würde auf viele Antworten stoßen. Man erlebt so viel, macht alle möglichen Erfahrungen. Aber wie fügt sich das alles zu einem großen Ganzen zusammen? Und welche Rolle spiele ich dabei? Ich habe mehr Fragen als je zuvor. Beto warf mir immer wieder einen Blick zu. Mann, das klingt echt kompliziert.

Nachdem wir vom Freeway abgebogen waren, begann Beto, mir von seiner Familie zu erzählen. Er war auf beiden Seiten des Rio Grande aufgewachsen, Cousins von ihm lebten noch immer in Juárez. Früher, sagte er, ist die ganze Familie dort zusammengekommen, aber inzwischen sehe ich meine Cousins nur noch, wenn sie nach El Paso kommen, um Party zu machen. Ich fragte ihn, ob er seine Verwandten in Mexiko regelmäßig besuche. Nein, jedenfalls nicht mehr, seit ich beim Grenzschutz bin. Er hielt an einer roten Ampel, die Querstraße war völlig leer. Schon bevor es wirklich schlimm wurde, bin ich nicht mehr rübergefahren. Ich wusste, es würde keine Probleme geben, aber es ist so eine Sache, wenn man beim Grenzschutz ist. Es wäre einfach nicht ratsam gewesen. Ich nickte. Ich bin auch nicht rübergefahren, sagte ich.

Die Ampel sprang auf Grün, Beto gab Gas und fuhr die Anhöhe hinauf. Ich fragte mich, was uns eigentlich davon abhielt, die Grenze zu überqueren.

Sara Uribe, *Antígona González*:

Zähle sie alle.
Gib ihnen einen Namen, damit du sagen kannst:
Diese Leiche könnte mir gehören.

Die Leiche eines der Unseren.
Damit wir nicht vergessen, dass alle Leichen ohne Namen unsere Verschwundenen sind.

Ich träume, ich bin mit Manuel und Beto in Ciudad Juárez. Es ist Nacht. Wir fahren durch eine belebte Straße, stellen den Wagen am Straßenrand ab, mischen uns unter die Leute. Wir feiern mit ihnen im Freien. Ich tanze mit jungen Frauen, küsse sie und wirbele sie herum. Ich spüre eine Unruhe unter den Menschen, Beto beugt sich immer wieder zu mir und zeigt auf bestimmte Leute, die mit dem Kartell zu tun haben, auf bestimmte Autos, die wir im Auge behalten, auf bestimmte Orte, die wir meiden sollen. Frühmorgens sind nur noch wenige Menschen unterwegs, wir kehren zurück zu unserem abgestellten Auto. Manuel hinter uns macht aufgeregte Handbewegungen. In der Ferne sind Männer zu sehen, die näher kommen und dabei jeden töten und entführen, der auf der Straße bleibt. Sie kommen in unsere Richtung, sagt Manuel. Während wir zu unserem Wagen laufen, denke ich, dass wir nicht hätten kommen sollen. Wir hätten es besser wissen müssen. Wir alle haben doch die brutalen Fotos gesehen, warum sind wir dann gekommen? Wir erreichen unseren Wagen, rasen durch die Stadt, während sich die Straßen wieder beleben. Die Einwohner von Juárez beginnen ihren Tag, gehen mit Blumen in der Hand in alle Richtungen. Wie leben sie mit ihrer Furcht, frage ich mich, wie halten sie das aus?

Der Historiker Timothy Snyder hat sich eingehend mit dem Terror beschäftigt, der die osteuropäischen Territorien heimsuchte, die zwischen 1933 und 1945 unter deutscher oder sowjetischer Herrschaft standen. In seinem Buch *Bloodlands* untersucht er den zweifachen Genozid, den Hitler und Stalin in Polen, der Ukraine, in Litauen, Weißrussland und im westlichen Russland verübten – politisch und ethnisch motivierten Völkermord.

Snyder möchte, dass seine Leser sich die unermessliche Zahl der Opfer, vierzehn Millionen, als vierzehn Millionen einzelne Tote vorstellen. »Jeder dokumentierte Tod«, schreibt er, »verweist auf ein einzigartiges Leben, kann es aber nicht ersetzen. Wir müssen imstande sein, nicht nur die Zahl der Toten zu sehen, sondern jedes Opfer als Individuum wahrzunehmen.« Und weiter: »Als Toter Teil einer großen Zahl zu werden bedeutet, in einem Strom von Anonymität zu versinken. Posthum für konkurrierende nationale Erinnerungen in Anspruch genommen zu werden, die sich auf die Zahlen stützen, in denen man aufgegangen ist, heißt, die eigene Individualität zu opfern. Es bedeutet, von der Geschichte vergessen zu werden.«

Snyder schließt sein Buch mit einem Appell an Historiker und Genozid-Forscher. »Es ist unsere Aufgabe als Wissenschaftler, diese Zahlen zu ermitteln und in den richtigen Zusammenhang zu stellen. Es ist unsere Aufgabe als Humanisten, diese Zahlen wieder zu Menschen zu machen.«

Am späten Vormittag, als ich am Computer gerade die Meldungen des Tages durchging, erschien Hayward in meinem Büro. Kann ich Sie mal kurz sprechen?, fragte er. Klar, sagte ich und blickte von meinem Monitor auf. Hayward starrte mich an. Mann, Sie sehen scheiße aus, sagte er. Vielen Dank, sagte ich. Hab einfach nicht geschlafen. Kommen Sie, sagte er, wir gehen einen Happen essen.

Nachdem Hayward bestellt hatte, setzte er seinen Hut ab und legte ihn auf den Tisch. In Ihrer alten Station hat es einen Zwischenfall gegeben, sagte er. Schon gehört? Nein, sagte ich. Was ist passiert? Ein Agent hat unweit der Grenze einen Mann aus Guatemala erschossen. Mist, sagte ich. Soll ein klarer Fall von Selbstverteidigung gewesen sein, sagte Hayward. Wie hieß der Agent?, fragte ich. Lopez. Kennen Sie ihn? Ich dachte zurück an meine Zeit in der Station. Nein, an einen Lopez kann ich mich nicht erinnern. Na schön, sagte Hayward, ich hatte gehofft, Sie könnten mir etwas über ihn erzählen. Er sah zum Fenster hinaus. Ich weiß, wie schwer es ist, wenn man jemanden erschossen hat, sagte er nach einer Weile. Haben Ihnen die anderen von mir erzählt? Wie meinen Sie das?, fragte ich. Als ich noch Polizist in Virginia war, habe ich jemanden erschossen. Ich dachte, Sie hätten davon gehört. Sie wissen ja, die Leute reden. Er bearbeitete die Krempe seines Huts.

Er war auf dem Weg zum Revier gewesen, kurz vor Ende einer Doppelschicht, als über Funk die Meldung kam. In der Nähe war ein Zivilfahnder gerade dabei, ein gestohlenes Fahrzeug zu verfolgen. Hayward schaltete Warnlicht und Sirene ein und stellte sich dem Autodieb in den Weg. Der Mann bremste, wollte wenden, und in dem Moment sprang der Zivilfahnder aus seinem Wagen und versuchte, den Autodieb aus dem Fahrzeug zu zerren. Er riss die Tür auf, aber der Mann packte ihn am Arm und gab Gas. Als Hayward sah, wie sein Kollege von dem Wagen mitgeschleift wurde, zog er seine Waffe und schoss zweimal. Eine Kugel traf den Fahrer genau im Kopf. Ich wusste nicht, wo ich ihn erwischt hatte, sagte Hayward, aber ich sah, dass der Fahrer zusammensackte und das Auto zum Stehen kam. Es war ein Teenager, siebzehn Jahre alt. Außerdem saß noch ein Neunzehnjähriger im Auto, der unverletzt blieb.

Hayward starrte auf seinen Hut, ein alter, stiller Schmerz breitete sich auf seinem Gesicht aus, von dem ich hoffte, dass ich ihn nie würde spüren müssen. Mein Gott, sagte Hayward schließlich, ich war gerade mal Anfang zwanzig.

In ihrem unablässigen Bemühen, der Ursache menschlicher Gewalt auf die Spur zu kommen, haben Wissenschaftler die Entdeckung gemacht, dass ein Gendefekt bei bestimmten Personen aggressives Verhalten begünstigt. 1978 erhielten Forscher der Universität Nijmegen die Anfrage einer Frau, die sich wegen wiederholter Fälle von Gewalt in ihrer Familie Sorgen machte. Betroffen waren ihre Brüder, ihr Sohn und Generationen von männlichen Vorfahren. Diese Männer vergewaltigten und missbrauchten ihre Schwestern, gingen auf den Arbeitgeber los, legten Feuer, wurden handgreiflich, bedrohten Familienangehörige, Freunde, Arbeitskollegen und wildfremde Leute. 1962 hatte ein Großonkel der Frau, Lehrer an einer Sonderschule, die Aggressivität in der Familie bis auf das Jahr 1870 zurückverfolgt und neun männliche Verwandte identifiziert, die verhaltensauffällig geworden waren. Jahrelang untersuchten die Genetiker der Universität Nijmegen diesen Fall.

1993, nach fünfzehn Jahren, stießen die Forscher auf ein mangelhaft ausgestattetes Gen, welches das Enzym Monoaminooxidase A (MAOA) produziert, das wesentlich für die Impulskontrolle zuständig ist. Niedrige MAOA-Werte begünstigten offenbar Aggressionsverhalten. Die Wissenschaftler sprachen von einem »Krieger-Gen«. Da das Auftreten dieses Gendefekts mit einem Defekt im X-Chromosom verknüpft ist, sind vor allem Männer (die, anders als Frauen, nur ein X-Chromosom besitzen) betroffen, auch wenn Frauen diesen Defekt in sich tragen und an ihre Söhne weitergeben können. Spätere Studien haben gezeigt, dass etwa ein Drittel der männlichen Bevölkerung der Welt dieses Krieger-Gen in sich trägt, dessen Manifestation durch traumatische Kindheitserfahrungen ausgelöst werden kann.

Dr. James Fallon, Neurologe an der University of California, unterzog sich diversen Hirnscans und Genanalysen, nachdem er herausgefunden hatte, dass mehrere Vorfahren brutale Gewaltverbrechen begangen hatten. Die Ergebnisse der Genanalysen und die Muster seiner Hirnaktivitäten entsprachen denen, die gemeinhin mit Aggressionsverhalten assoziiert werden. Dass er dieser Prädisposition nicht erlegen sei, schrieb Fallon einer glücklichen Kindheit zu. »Wenn man dieses Gen in Hochrisikoform in sich trägt und in der Kindheit missbraucht wird«, sagte er in einem Interview, »dann sind die Chancen sehr viel größer, dass man gewalttätig wird. Wenn man dieses Hochrisiko-Gen hat, aber nicht missbraucht wurde, dann ist das Risiko nicht besonders groß. Ein Gendefekt an sich führt nicht zu dramatischen Verhaltensänderungen, aber unter bestimmten äußeren Bedingungen kann die Sache völlig anders aussehen.«

Diese äußeren Umstände, die das Krieger-Gen aktivieren können, werden von Dr. Fallon nicht definiert. Er behauptet auch nicht, dass ein massives Trauma, das über Jahrzehnte in einer ganzen Gesellschaft weitergegeben wird, einen unaufhörlichen Kreislauf von Gewalt in Gang setzen kann. Er sagt nicht, wie lange unser Unbewusstes Angst und Schrecken erträgt, wie lange wir mit Gewalt und Brutalität leben können, bevor wir den Verstand verlieren.

Da Beto wegen eines Sondereinsatzes ein paar Tage unterwegs sein würde, wollte ich mich in dieser Zeit um seinen Hund kümmern. Ich hatte erzählt, dass ich am Wochenende eine Wanderung in den Franklin Mountains unternehmen wolle, und gefragt, ob der Hund mit Steigungen klarkäme und ein paar Stunden laufen könne. Wahrscheinlich nicht, hatte Beto gemeint.

Bevor ich frühmorgens aufbrach, fütterte ich den Hund und schloss hinter mir ab. Mein Ziel war der McKelligon Canyon, östlich der Berge, und schon während der Fahrt durch El Paso bemerkte ich, dass ein starker Frühjahrswind wehte. Während des Aufstiegs im Canyon flatterte mein Hemd im Wind, und nach Osten hin war kaum etwas zu erkennen. Als ich eine Stunde später auf einer Bergkuppe stand, sah ich, dass über der ganzen Region eine riesige graubraune Staubwolke hing. An einem klaren Tag hätte ich die westtexanische Ebene und die Wüste von New Mexico sehen können, ich hätte Juárez gesehen und bis weit nach Chihuahua hinein, aber bei dem aufgewirbelten Staub in der Luft konnte ich nicht einmal den Fuß der Berge sehen. Ich stieg, Sand spuckend und die Augen abschirmend, wieder hinunter.

Bei der Rückkehr stellte ich fest, dass das Tor zum Innenhof offen stand und Betos Hund nicht da war. Im schwindenden Abendlicht fuhr ich sofort wieder los, suchte hektisch im ganzen Viertel, konnte aber kaum hundert Meter weit sehen. Im Dämmerlicht sah ich eine Frau auf der Straße, die sich die Kapuze ihres Sweatshirts über den Kopf gezogen hatte. Ich ließ das Fenster herunter und rief ihr gegen den Wind etwas zu. Der Hundefänger sei vor etwa fünfzehn Minuten hier in der Gegend gewesen, sagte die Frau. Ich fuhr zurück zu Betos Haus und fand dort eine Benachrichtigung des Tierärztlichen Dienstes von El Paso. Laut fluchend raste ich quer durch die Stadt zum Tierheim.

Dort fand ich Betos Hund in einem Zwinger, er kauerte in der Ecke, voller Bisswunden, blutüberströmt. Für einen kurzen Moment kam ich mir wie in einem Albtraum vor. Es hat einen Kampf gegeben, sagte der Wärter. Er wird sich erholen, aber den anderen Hund hat er übel zugerichtet. Er gab mir eine Adresse. Ich fuhr sofort hin, Betos Hund lag zusammengerollt auf dem Sitz neben mir. Als ich vor dem Haus stand, fragte ich mich, ob ich nicht einfach umkehren sollte, warum ich mich verantwortlich fühlte für einen Kampf zwischen zwei Hunden, mit dem ich nichts zu tun hatte. An der Tür trat mir eine ungepflegte Frau entgegen. Ich erklärte ihr, dass ich auf den Hund aufpassen sollte, und wusste dann nicht mehr weiter, biss mir auf die Lippe. Die Frau stand noch immer auf der Schwelle, die Hand auf dem Türgriff. Geht es Ihrem Hund wieder besser?, fragte ich schließlich. Mein Mann hat sie in die Tierklinik gebracht, sagte die Frau, die ihre Wut kaum verbergen konnte. Ihr Scheißköter hat ihr in die Kehle gebissen, er hat direkt die verdammte Drosselvene erwischt. Ich schaute zu Boden. Die Wunde wird genäht, wir wissen nicht, ob sie durchkommt. Böse starrte mich die Frau an. Es tut mir leid, sagte ich. Die Kälte zwischen uns war mit Händen zu greifen. Schließlich wandte ich mich zum Gehen. Ich werde noch einmal vorbeischauen wegen der Kosten für den Tierarzt, sagte ich. Ich versprech es Ihnen.

Am Abend saß ich in Betos Innenhof und wusch dem zitternden Hund das Blut aus dem Gesicht.

In seinem Buch *What Have We Done* untersucht der erfahrene Kriegsreporter David Wood die vielen Fälle von »moralischer Verwundung« unter Soldaten, die von den Schlachtfeldern in Irak und Afghanistan heimgekehrt sind. Moralische Verwundung, lange Zeit verwechselt mit posttraumatischer Belastungsstörung, ist eine ungleich subtilere Verletzung, für die nicht Flashbacks oder Panikattacken charakteristisch sind, sondern »Kummer, Reue, Trauer, Scham, Bitterkeit und moralische Verwirrung«. Dies manifestiert sich nicht in körperlichen, sondern in subtilen psychischen Reaktionen wie Träumen und Selbstzweifeln. »Moralische Verwundung ist im Grunde genommen eine jähe Abkoppelung von dem Bild, das wir von uns haben, und von dem, was wir für moralisch beziehungsweise für unmoralisch halten.« Ein Soldat, schreibt Wood, habe es so ausgedrückt: »Moralische Verwundung ist ein erlerntes Verhalten, man lernt, Dinge zu akzeptieren, von denen man weiß, dass sie falsch sind.« Die meisten von uns »haben einen klaren und sehr persönlichen Begriff von moralischem Verhalten, von Recht und Unrecht, Richtig und Falsch. Diese Vorstellung, dieser innere Kompass, gründet auf Ansichten, die wir im Kindesalter übernehmen … Im Krieg, der naturgemäß Tod und Zerstörung bringt, werden diese moralischen Wertvorstellungen aufs Heftigste durcheinandergewirbelt.« Dies ist meist ein allmählicher, kaum wahrnehmbarer Prozess. Auch moralische Verwundung setzt langsam ein. Sie tritt ein, wie ein Veteran des Irakkriegs schrieb, »wenn man Zeit hat, über ein traumatisches Erlebnis nachzudenken«.

Wood bezieht sich in seiner Betrachtung der moralischen Verwundung vor allem auf traumatische Erlebnisse von Soldaten, die auf fernen Kriegsschauplätzen kämpfen mussten. Er weist aber darauf hin, dass moralische Verwundungen auch dann möglich sind, wenn man nicht unmittelbar an Kämpfen beteiligt ist. Was im Krieg passiert, geht weit über das Schlachtfeld hinaus, wirkt sich auf angrenzende Regionen und persönliche Beziehungen aus, dringt tief in das Unbewusste von Einzelnen und Gesellschaften ein. »Im Krieg zu sein, heißt« – in diesem allgemeinen Sinn –, »der Gefahr moralischer Verwundung ausgesetzt zu sein.«

Unser Team sollte einen Einsatz in der Nähe meiner alten Station durchführen. Bevor wir aufbrachen, nahm Hayward mich beiseite. Sie kennen die Gegend wie Ihre Westentasche, sagte er. Ich möchte, dass Sie Manuel dabei helfen, die Positionen der Kundschafter zu lokalisieren. Sie können die abgehörten Funksprüche mit den lokalen Gegebenheiten abgleichen. Ich will wissen, wo sie ihre Lieferungen deponieren und was sie von ihren Beobachtungsposten aus sehen können. Sie sind mit einer Tonne Dope in der Gegend unterwegs, wir müssen herausfinden, wohin das Zeug geht.

Tagelang fuhren wir durch eine blühende Landschaft, vorbei an grünen Kreosotbüschen und gelben Palo-Verde-Bäumen, roten Ocotillos und einem Meer von orangefarbenen Wildblumen. Wenn Stimmen in unserem Funkscanner krächzten, stellte ich mir vor, dass ich wusste, wo sie waren, versetzte mich in Gedanken an den Ort, von wo sie einen weiten Blick über die Wüste hatten, die für kurze Zeit so üppig blühte.

Nachmittags kehrten wir zu unserem vorgeschobenen Einsatzposten zurück, wo der Trailer stand, der uns als mobile Kommandozentrale diente. Eines Tages, wenige Stunden vor Sonnenuntergang, machte Hayward den Vorschlag, ein paar Leute sollten die Zufahrt zu einem nahe gelegenen Hügel beobachten, der den Kundschaftern als Ausguck diente. Fahrt ihr mal los, sagte ich, ich muss das Schichtprotokoll schreiben, ich bleibe hier. Eine halbe Stunde später meldete sich Hayward auf meinem Handy. Wir haben eine hilflose Person angetroffen, sagte er, könnten Sie sie für uns zur Basis bringen? Klar, sagte ich. Ich erkundigte mich, ob sie gut beieinander war, ob sie genug zu trinken hatte. Alles bestens, sagte er.

Als ich eintraf, standen Hayward, Manuel und Beto um eine kleine Frau, die mitten auf der Piste saß. Hayward kam zu mir, während Beto und Manuel auf Spanisch mit der Frau sprachen. Wir haben ihre Taschen durchsucht, sagte Hayward, das ist alles, was sie dabeihatte. Er gab mir ein Mobiltelefon. Ihre Gruppe hat sie zurückgelassen. Sie kann nicht gut laufen, wahrscheinlich hat sie Blasen an den Füßen. Manuel und Beto geleiteten die Frau zu meinem Fahrzeug und halfen ihr auf den Rücksitz. *Vete con cuidado, señora,* sagte Manuel und schloss die Tür. Ich warf einen Blick zum Himmel. Ihr solltet wieder los, sagte ich zu Hayward, es wird bald dunkel. Zu Befehl, Chef, sagte er. Aber vergessen Sie den Bericht nicht.

Während der Fahrt schaute ich durch den Rückspiegel nach hinten, sah die Frau hinter dem Metallgitter, das uns trennte. Ich überlegte, was ich ihr sagen konnte, doch mir fiel nichts ein. Haben Sie was dagegen, wenn ich die Fenster öffne?, fragte ich schließlich. *Lo que usted quiere, oficial.* Ich ließ die Fenster hinunter und drehte mich um. *Me puedes tutear,* sagte ich zu der Frau.

Von draußen wehte kühle Luft herein. In der Ferne wirbelten Staubteufel über das Tal, Myriaden sandfarbener Kegel. Für einen kurzen Moment fühlte ich mich eigentümlich frei, spürte eine alte Vertrautheit mit der Wüste. Vielleicht hatte es etwas Tröstliches, dachte ich, über die Landschaft zu schauen und mit eigenen Augen sehen zu können, welche Schrecken sie ertragen musste. Wieder schaute ich nach hinten. Die Frau sah nach draußen, die Haare wehten ihr in das sonnengegerbte Gesicht. Ich fragte mich, was sie alles gesehen hatte, was sie beim Anblick der Wüste empfinden mochte, und war mir sicher, dass es kein Gefühl von Freiheit war.

Nach der Ankunft im Stützpunkt half ich der Frau beim Aussteigen. Auf meinen Arm gestützt, humpelte sie die paar Meter zu dem kleinen Gewahrsamsbereich und setzte sich auf eine kalte Stahlbank. Ich stellte ihr einige Fragen, die für den Papierkram notwendig waren, die einzige Art von Gespräch, das ich mit ihr führen konnte. Ich bin sechsundvierzig, sagte sie. Ich wollte nach Phoenix, um dort meinen Mann zu besuchen. Meine Gruppe ist vor vier Tagen über die Grenze gekommen. Schon am zweiten Tag haben sie mich allein zurückgelassen. Ich komme aus Guerrero.

Nachdem ich die Deportationspapiere ausgefüllt hatte, fragte ich die Frau, ob ich ihre Füße sehen könne. Ich bin Sanitäter, sagte ich, ich kann beurteilen, wie schlimm es ist. Sie zog langsam die Schuhe aus, der Gestank war ihr peinlich. Keine Sorge, sagte ich, ich kenne das. Beim Ausziehen der durchschwitzten und steif gewordenen Socken lösten sich Hautfetzen von den Fußsohlen. Ballen und Hacken waren mit Blasen bedeckt. Ich streifte mir Latexhandschuhe über, nahm die Füße und bewegte sie vorsichtig. Es ist alles okay, sagte ich, ich hab schon Schlimmeres gesehen, die meisten Blasen sind nicht aufgerissen.

Ich reinigte die Füße mit einem Desinfektionstuch, tupfte die Flüssigkeit von den Rändern der geplatzten Blasen ab und trug Salbe auf. Behutsam wickelte ich eine weiße Mullbinde um jeden blassen Fuß und anschließend einen elastischen Wrap. Als ich einmal hochblickte, bemerkte ich, dass die Frau mich beobachtete. *Eres muy humanitario, oficial,* sagte sie. Ich schaute wieder auf ihre Füße und schüttelte den Kopf.

»Am schlimmsten sind die Träume«, sagt der Sicario in dem Interview. »Die Träume sind sehr realistisch. Ich träume beispielsweise, dass ich durch Straßen laufe, über Autos springe. Ich träume, dass ich draußen bin, keine Waffe dabeihabe und verfolgt werde. Die Träume sind so realistisch, dass ich aufwache, neben mir auf dem Kopfkissen liegt die Pistole, ich nehme sie und lege an.«

»Ich war sehr gewalttätig«, sagt der Sicario. »Die Träume sind keine fantastischen, völlig unwirklichen Szenen, sondern sehr realistisch. In mir war eine solche Angst, dass ich in meinem eigenen Haus nicht schlafen konnte, sodass ich manchmal weggehen musste, um allein zu sein und schlafen zu können ... denn beim leisesten Geräusch konnte ich sehr heftig reagieren ... Einmal versuchte meine Frau mich zu beruhigen, als ich träumte ... Sie merkte, dass ich einen Albtraum hatte, wollte mich wecken, sie hat mich berührt, und da – ARRRGGH – habe ich sie bei der Gurgel gepackt ... und gewürgt, ich habe meine Frau gewürgt.« Mit zitternden Händen demonstriert er die Strangulierbewegung.

»In dem Moment begriff ich, dass etwas Schlimmes mit

mir passierte. Ich wusste nicht mehr weiter. Bei meiner Arbeit – als Aufpasser, als Ausbilder, als Auftragskiller – hatte ich mich immer an eine bestimmte Grenze gehalten, aber nun hatte ich diese Grenze weit überschritten.«

Vorfälle wie dieser brachten ihn dazu, Schluss zu machen. »Irgendwann im Leben kommt ein Moment, wo man ins Stolpern gerät und einem klar wird, dass es so nicht mehr weitergeht.« Der Sicario brach mit dem Kartell, tauchte mit seiner Familie unter und begann ein neues Leben, das für ihn eine neue, nicht minder große Angst brachte. Ein Freund lud ihn ein, gemeinsam einen christlichen Gottesdienst zu besuchen. »Ich war so überrascht, als ich die Kirche betrat ... ich weiß nicht, was ich empfand, ich kann dieses Gefühl nicht beschreiben. Ich fing einfach an zu weinen.« Im Film sieht man, dass dem Sicario bei diesen Worten die Tränen kommen. Er wiegt den Kopf unter der schwarzen Kapuze, seine Stimme wird brüchig. »Ich habe die Predigt nicht gehört«, sagt er. »Ich habe überhaupt nichts gehört ... Ich habe nur geweint, wie ich noch nie in meinem Leben geweint habe, fünf, sechs Stunden lang. Ich kniete nieder, fiel zu Boden ... Und ich hörte, wie die Leute um mich weinten. Ich spürte ihre Hände ... Ich spürte die Wärme ihrer Berührungen.«

Zur vierteljährlichen Prüfung unserer Schießtauglichkeit sollten wir eines Morgens auf dem Schießstand erscheinen. Nachdem ich alle vorgeschriebenen Schüsse abgegeben hatte, bat ich Hayward um ein Gespräch unter vier Augen. Wir gingen hinaus auf den Parkplatz. Was gibt's?, fragte er. Mir ist ein Forschungsstipendium fürs Ausland angeboten worden, sagte ich. Ich werde es annehmen, es ist eine Wahnsinnschance. Gratuliere, sagte Hayward, das ist toll! Ich muss eine Weile raus, sagte ich, ich überlege schon lange, wieder zu studieren, meinen Master zu machen. Hayward kniff die Augen zusammen. Ich würde Sie nur ungern ziehen lassen.

Ich sagte ihm, wie sehr mir die Arbeit im Team gefalle und dass ich viel gelernt hätte. Wir könnten Sie eine Zeit lang beurlauben, sagte Hayward, Sie könnten ins Ausland gehen und nach der Rückkehr nebenher studieren. Es gibt sogar ein Förderprogramm für Kollegen, die studieren wollen. Wir finden bestimmt einen Weg, wenn Sie bleiben wollen. Ich schwieg, biss mir auf die Lippen. Es geht nicht, hätte ich am liebsten geantwortet, der Job ist nichts für mich.

»Was die Mexikaner zu Beginn des 21. Jahrhunderts erleben mussten«, schreibt die Dichterin und Essayistin Cristina Rivera Garza, »ist fraglos eines der schaurigsten Horrorszenarien unserer Zeit.« In ihrem Buch *Dolerse* unternimmt sie den Versuch, die Allgegenwart des Schmerzes in der modernen mexikanischen Gesellschaft zu analysieren. »Schmerz ist ein komplexes Phänomen, das zunächst einmal unsere grundlegenden Vorstellungen von Realität infrage stellt. Schmerz zerstört die Realität nicht nur, er produziert sie auch.« Die »sozialen Sprachen« des Schmerzes seien auch »politische Sprachen, in denen Körper ihre Machtbeziehungen zu anderen Körpern entziffern«. Auf politischer und sozialer Ebene »wird die Sprache des Schmerzes also eine Produzentin von Bedeutung und Legitimation«.

Schmerz ist natürlich aufs Engste mit Angst verknüpft. »Angst macht einsam«, schreibt Rivera Garza. »Angst macht uns misstrauisch, Angst macht uns irre.« Aus ihrer Sicht kann

Schmerz zerstören und seine eigene Realität hervorbringen, die ihrerseits legitimiert und zusätzlich bestätigt wird durch die politischen Verhältnisse in unserer Gesellschaft. Diese Realität ist sehr oft eine Realität der Angst, die uns – individuell und als Gesellschaft – irre macht, uns isoliert, mit Misstrauen gegenüber anderen erfüllt, den Nachbarn, den Bürgern unserer Städte, unseres Landes, der Nachbarländer, der eng miteinander verknüpften globalen Gemeinschaft – unseren Mitmenschen.

In ihrem Aufsatz »Krieg und Imagination« setzt sich Rivera Garza mit dem italienischen Schriftsteller und Kulturkritiker Alessandro Baricco auseinander. »Er behauptete, dass es in den unterschiedlichsten Kulturen schon immer Krieg gegeben habe, das Adrenalin, die Erregung, den hypnotisierenden Schlachtengesang. Erst wenn wir als Gesellschaft etwas erfinden, was noch erregender, noch riskanter, noch verwegener, noch revolutionärer ist, können wir sagen, dass wir wirklich gegen den Krieg sind.« Für Rivera Garza ist dies »ein radikaler Pazifismus«.

Und Baricco hält sie entgegen: »Wenn wir den Krieg überwinden wollen, der auf Angst gründet und noch mehr Angst erzeugen soll, gibt es Besseres für uns zu tun, als etwas Erregenderes, etwas Extremeres, etwas noch Adrenalingeladeneres zu imaginieren.« Schließlich könne »der Imaginierende sich jederzeit vorstellen, dass das Imaginierte, was immer es sein mag, anders ist … Der Imaginierende weiß aus eigener Erfahrung, dass nichts natürlich, nichts unvermeidlich ist.«

Ich träume, ich bin in der Wüste, ich habe auf einem leeren Highway ein Auto angehalten. Ich nähere mich dem Auto, und in dem Moment steigen ein Mann und ein Junge aus und kommen mir entgegen. Der Mann hat eine Pistole in der Hand, ich rufe ihm zu, er soll die Waffe fallen lassen. Der Mann geht weiter auf mich zu, ich greife nach meiner Dienstwaffe, will unbedingt Herr der Lage sein. Ich ziele auf den Mann und brülle, er soll die Waffe auf die Erde werfen. Er hält die Waffe in der Hand und schaut zu dem Jungen. Und bevor er den Blick wieder mir zuwendet, schieße ich ihm in die Brust. Die Pistole fällt zu Boden, ich schieße weiter auf ihn, fünf Mal. Als ich den Blick von dem Toten abwende, sehe ich, dass der Junge sich die Waffe geschnappt hat und, hinter dem Auto kauernd, auf mich zielt. Er schießt, verfehlt mich aber. Ich halte meine Waffe mit beiden Händen und ziele auf ihn, feuere zweimal, treffe seinen Kopf und seine Schulter. Ich sehe die ganze Szene vor mir und werde von großer Panik überwältigt. Eine erschreckende Dunkelheit legt sich über alles, ich werfe meine Pistole weg, habe Angst, dass ich in eine endlose Gewaltspirale geraten bin. Ich sage mir, dass ich Hayward anrufen sollte, dass ich meine Mutter anrufen sollte, und will den Blick wieder auf den toten Mann richten. Ich will sicher sein, dass die Leiche noch da ist, will mich vergewissern, dass der Mann wirklich tot ist. Ich stehe über ihm, tippe mit der Fußspitze an seinen Arm, und in diesem Moment höre ich den Jungen, der röchelnd neben dem Auto liegt. Ich gehe hin, will wissen, warum er noch atmen kann. Ich lebe, keucht der Junge. Töten Sie mich, sagt er, bringen Sie es zu Ende. Wortlos schaue ich zu ihm hinunter, bevor ich schließlich davongehe.

Dann erwache ich. Ich richte mich im Bett auf und möchte mich bekreuzigen, die Hand ausstrecken. »Bruder Wolf«, möchte ich sagen, »ich werde Frieden zwischen uns stiften, o Bruder Wolf.«

III

»Wir leben heute«, schrieb C. G. Jung in der zweiten Hälfte der 1950er-Jahre, »in einer Zeit, die uns apokalyptische Bilder von weltweiter Zerstörung nahelegt.« Für ihn war der Kalte Krieg, symbolisiert durch den Eisernen Vorhang, ein Spiegelbild der inneren Verfassung der Menschheit. »Diese stacheldrahtbewehrte Grenzlinie durchzieht die Seele des modernen Menschen, ob er nun diesseits oder jenseits derselben lebt.« Selbst »das normale Individuum ... sieht seinen Schatten am Nebenmenschen beziehungsweise an den Menschen jenseits des großen Grabens«. Es sei sogar »zur politischen und sozialen Aufgabe geworden, den Kapitalismus des einen und den Kommunismus des anderen zum gegenseitigen Teufel zu erklären, um damit wiederum den Blick durch Äußeres zu faszinieren und vom Inneren des Einzelmenschen abzulenken«.

Nach Jung hat die Massengesellschaft »keineswegs die Absicht, das gegenseitige Verständnis und die Beziehung der Menschen zueinander zu fördern, [sie] erstrebt vielmehr die Atomisierung, das heißt die seelische Vereinsamung des Individuums«. Wenn wir »den anderen« als jemanden wahrnehmen, vor dem man Angst haben und den man meiden muss, gefährden wir damit den inneren Zusammenhalt unserer Gesellschaft. Schleichendes Misstrauen untergräbt die persönlichen Beziehungen. Unser Abgrenzungsbedürfnis »[kommt] einer schon dem primitiven Menschen eigentümlichen Neigung entgegen, das Böse zu meiden, nicht wahrhaben zu wollen und wenn möglich über irgendeine Grenze abzuschieben, wie den alttestamentarischen Sündenbock, der das Böse der Wüste übergeben soll«.

Die Bestrebungen von Individuen und Gesellschaften, die eigenen Schatten zu leugnen, gründen in der Hoffnung, dass wir »rasch und wohltätig im Meere der Vergessenheit [versinken]« und uns ein Gefühl von Normalität bewahren, sei es auch noch so vage und verzerrt. In Wahrheit aber, schreibt Jung, »[ist] nichts endgültig verschwunden und nichts wiederhergestellt. Das Böse, die Schuld, die tiefe Gewissensangst und die finstere Ahnung stehen da vor den Augen, die sie sehen wollen.« Jung fordert uns vielmehr auf, die Gleichartigkeit des anderen zu erkennen, zu sagen: »Ich bin mitschuldig«, zu verstehen, dass »keiner außerhalb des schwarzen Kollektivschattens der Menschheit [steht]«, und zu akzeptieren, dass »das Böse in der menschlichen Natur selber sitzt ... als ein ebenbürtiger Gegenspieler der Guten«. Das Ziel der psychoanalytischen Therapie bestand aus seiner Sicht nicht darin, innere Konflikte glattzubügeln, sondern im Prozess der Individuation, in dessen Verlauf unser Bewusstsein und das verdrängte Unbewusste in einen Dialog treten. Individuation ermöglicht die Versöhnung scheinbar unversöhnlicher Gegensätze, sie befähigt uns, das Dunkle in uns auszuhalten und das Chaos und die Abgründe in unser Leben zu integrieren.

Ein wesentlicher Bestandteil dieses Prozesses war für Jung die Beschäftigung mit Träumen. »Träume sind die Sprache meiner Seele«, schrieb er. »Träume bereiten das Leben vor, und sie bestimmen dich, ohne dass du ihre Sprache verstehst.«

Wenn Alltagserlebnisse durch Träume gefiltert würden und eine zusätzliche Bedeutung erhielten, dann könnte das Unbewusste wichtige Hinweise liefern, wie mit verborgenen Ängsten und Bedürfnissen umzugehen wäre. »Der Traum ist die Äußerung eines unwillkürlichen, dem Einfluss des Bewusstseins entzogenen, unbewussten seelischen Prozesses, der die innere Wahrheit und Wirklichkeit so darstellt, wie sie ist; nicht, weil ich sie so vermute, und nicht, wie ich sie haben möchte.« Eine ehrliche Auseinandersetzung mit unserer inneren Verfassung würde verlangen, sich den animalischen Impulsen des Unbewussten zu stellen, ohne sich mit ihnen zu identifizieren oder vor ihnen wegzulaufen.

Jung veranschaulichte das an folgendem Beispiel: »Wenn Sie träumen, dass ein wütender Stier oder ein Löwe oder ein Wolf Sie verfolgt, so bedeutet es: Das will zu Ihnen. Sie möchten es abspalten, Sie empfinden es als fremd – aber umso gefährlicher wird es. Umso größer wird der Drang des Abgespaltenen, sich mit Ihnen zu vereinigen. Die beste Haltung wäre: Bitte, komm und friss mich.«

Jeden Morgen um halb sieben traf ich im Coffeeshop ein, eine halbe Stunde vor den ersten Kunden. Ich mahlte Bohnen, schaltete die Filtermaschine ein und füllte drei Thermoskannen mit Filterkaffee. Ich stellte bei der Espressomaschine den Mahlgrad ein und probierte ein paarmal mit Menge und Durchlaufzeit, bis ich den perfekten Espresso hatte. Ich machte den Heißwasserspender an, baute Päckchen mit speziell gerösteten Bohnen auf, arrangierte die Filterkaffeestation mit Dosierlöffeln, Glasbechern und japanischen Keramikfiltern. Ich schloss den Kühlschrank auf, in dem italienische Limonaden und grüne Mineralwasserflaschen standen. Ich stellte die Schokolade-, Vanille- und Karamell-Sirupflaschen hin, gab eine Bio-Sahne-Milch-Mischung in eine isolierte Kanne und füllte die To-go-Theke mit Bechermanschetten, Umrührstäbchen, Strohhalmen, Deckeln, Papierservietten und Zuckertütchen auf. Ich ging hinaus, um aus der benachbarten Gewerbeküche Eis zu holen. Dann stellte ich draußen die Klapptafel auf, entfernte das »Geschlossen«-Schild, bereitete die Kasse vor und stellte meinen Trinkgeldbecher hin.

Der Coffeeshop war eines von vielen Geschäften in einem kleinen Ladenkomplex, der nach Art eines alten spanischen Mercados um einen Innenhof angelegt war. Morgens um halb sieben war noch nicht viel los. Ich sah die Angestellten der mexikanischen Bäckerei, die Köche vom Taco-Shop und den Hausmeister José, der sich um den Mercado kümmerte – ein kräftiger, breitschultriger Mann aus Oaxaca, der immer eine schwarze Baseballmütze und ein graues T-Shirt trug, das er ordentlich in seine schwarze Jeans gestopft hatte. José machte mit Gartenschlauch oder Besen im Hof sauber. Regelmäßig ging er mit einem Laubbläser herum, blies Abfall in den Rinnstein, wo er von Regengüssen und heißen Sommerwinden weggefegt wurde. Er stellte Sitzmöbel in den Innenhof, schloss Türen auf, deaktivierte die Alarmanlage und ließ die ersten Kunden herein.

Bevor der vormittägliche Ansturm einsetzte, kam er oft in den Coffeeshop. Wir sprachen Spanisch miteinander, tauschten Freundlichkeiten aus. Er erkundigte sich nach meinem Studium, nach Reiseplänen, nach meinem Glück bei den Frauen. Er fragte, wie es meiner Mutter ging, und bat mich, bei meinem nächsten Besuch Grüße von ihm auszurichten. Ich erkundigte mich nach seiner Frau und den drei Jungs. An dem Tag, als sein Ältester auf die Highschool kam, stand José stolz an der Theke, als der Jüngste sein erstes Fußballturnier gewann, strahlte er über das ganze Gesicht, und als der Mittlere von einem Auto angefahren wurde, stützte er sich am nächsten Tag kraftlos auf seinen Besen. Es geht ihm schon besser, sagte er noch Monate später, *gracias a Dios*.

José wusste, dass ich einige Jahre beim Grenzschutz gewesen war, kam aber nur selten darauf zu sprechen, als gäbe es da nicht viel zu sagen. Genauso vermied ich es, mich nach seinem Aufenthaltsstatus zu erkundigen und zu fragen, wann er in die USA gekommen war. In meinem täglichen Umgang mit Migranten – den Kunden im Coffeeshop, den Arbeitern, denen ich in der Stadt begegnete, den Tagelöhnern, die abends in den Park kamen, um mit uns Fußball zu spielen – bemerkte ich oft feine Spuren, die ihre Erfahrungen mit der Grenze hinterlassen hatten, physisch und abstrakt. Auch bei José spürte ich diese Erfahrung, aber wie sollte man von etwas so Vagem sprechen, wir beschränkten uns auf ein Kopfnicken, auf Blicke und Gesten, und bald entwickelte sich daraus eine Freundschaft.

Eines Tages setzte sich José mit einer Flasche Mineralwasser zu mir an den Tresen. Ich hatte bald Feierabend und war dabei, mein Trinkgeld zu zählen. Er winkte mich heran. *Oye*, sagte er leise, als du bei den Grenzern warst, hast du bestimmt gut verdient, stimmt's? Ja, sagte ich. Er blickte sich um, wollte sicher sein, dass niemand in Hörweite war, und beugte sich dann vor. Mehr als du hier verdienst, *qué no*? Ich lachte. *Claro qué sí*. Er sah mich irritiert an. *Entonces por qué lo dejaste*? Irgendwie war ich überrascht, dass er nun doch Fragen stellte. Der Job war nichts für mich, sagte ich schulterzuckend. Ich wollte wieder studieren, Kreatives Schreiben, meinen Master machen. José grinste. Als Student verdient man nicht viel, sagte er. Ich lachte und zeigte auf das Trinkgeld auf dem Tresen. Er sah mich ungläubig an. Woanders kannst du viel mehr verdienen, sagte er. Aber mir gefällt es hier, entgegnete ich, es ist nicht so hektisch. Die Leute sind nett. Und der Kaffee ist gut. *Claro*, sagte José. *Todo el mundo necesita café*.

Noch immer sah er mich verwundert an. Warum ausgerechnet Kreatives Schreiben? Warum nicht Business, Medizin, Politik? *Así podrías ganar más dinero*. Ich zuckte wieder mit den Schultern. Schreiben ist eine gute Möglichkeit, all das zu verarbeiten, was ich gesehen habe. José lehnte sich zurück. Ach so, sagte er. Ich könnte viele Bücher schreiben, sagte er nach einer Weile. *He visto muchas cosas*.

José und ich haben oft über den Drogenkrieg und die Gewalt in Mexiko gesprochen – über die dreiundvierzig Studenten, die in Ayotzinapa verschwanden, die endlosen Schießereien zwischen rivalisierenden Kartellen, die Korruption von Polizisten und Regierungsbeamten. Eines Tages erzählte er einen Witz. Jäger aus Amerika, Russland und Mexiko treffen sich zu einem Jagdwettstreit. Am ersten Tag treten die Amerikaner triumphierend vor die Jury, doch das erlegte Tier ist von ihren Hightech-Waffen dermaßen zerfetzt, dass es nicht mehr als Hirsch zu erkennen ist. Also werden sie disqualifiziert. Am zweiten Tag erscheinen die Russen mit einem Rehbock, aber als die Preisrichter feststellen, dass das Tier vergiftet und nicht vorschriftsmäßig erlegt wurde, disqualifizieren sie auch die Russen. Ein dritter Tag vergeht und ein vierter Tag, doch von den Mexikanern ist weit und breit nichts zu sehen. Am fünften Tag machen sich die Preisrichter auf die Suche. Stunden später finden sie die Mexikaner auf einer Waldlichtung, sie stehen um ein Karnickel, einer quält das Tier, ein anderer brüllt: Jetzt gib endlich zu, dass du ein Hirsch bist, du Miststück!

An dem Tag im Jahr 2014, als El Chapo Guzmán von der mexikanischen Armee geschnappt wurde, fragte José, ob ich glaube, dass es wirklich Guzmán sei. Weiß ich nicht, sagte ich. Und du? Ich bin mir nicht sicher, antwortete er. Er hat Doppelgänger. Oder vielleicht haben sie mit Absicht jemanden verhaftet, der ihm zum Verwechseln ähnlich ist. Einige Tage später zeigte er mir Bilder, die im Internet kursierten – vergrößerte Aufnahmen von Guzmáns Gesicht und daneben Fotos von seiner Verhaftung im Jahr 1993. *Se ve diferente,* sagte er, *qué no?* Ich sah sie mir genau an. Kann sein, sagte ich. Er legte sein Handy auf den Tresen und studierte die Fotos. Er sieht wirklich nicht wie ein Drogenboss aus, sagte er. *No se ve tan malo.* Ich schenkte ihm Kaffee ein. Wer weiß das schon, sagte ich. Verbrecher sehen genauso aus wie alle anderen Leute.

Als du an der Grenze warst, fragte José, hast du da Drogen gefunden? Ja, sagte ich, mehr als du denkst. Hast du mal einen *Narco* verhaftet? Ja, aber nicht so wichtige Leute wie Guzmán. Wir haben meist die Kleinen verhaftet – Schmuggler, Scouts, Mulis, Schlepper. Aber vor allem habe ich Migranten geschnappt, Leute, die sich ein besseres Leben aufbauen wollten.

Zwischen neun und zehn Uhr kam José in den Coffeeshop und setzte sich an den Tresen, um zu frühstücken. Es war immer das Gleiche, einen vegetarischen Burrito vom Taco-Laden, und jedes Mal bot er mir die Hälfte an. *Vas a querer burro?*, fragte er, und meistens willigte ich ein. Nimm ein Messer und schneid so viel ab, wie du willst. Ich revanchierte mich mit einem Kaffee, immer im Pappbecher, dazu ein Schuss Vanillesirup und Milch. Oft machte er eine Bemerkung über die Qualität des Burritos: Heute ist er gut, die Bohnen sind kalt, es ist versalzen, sie haben wohl einen neuen Koch. Und über die Salsa: Sie ist wässrig, nicht scharf genug. Manchmal schaute er vorher vorbei und fragte, ob ich zur Abwechslung schwarze Bohnen statt Pintos haben wolle und vielleicht Avocado? *Qué te parece?*

An manchen Tagen bot José mir die Hälfte seines Nachtischs an, Donuts oder Kuchen von der benachbarten Bäckerei. Eines Morgens erschien er mit Frühstück, das seine Frau gemacht hatte, *comida típica de Oaxaca*, sagte er. Ich könne so viel abhaben, wie ich wollte – er selbst habe das ja jeden Tag. Ich erzählte von den zwei Männern aus Oaxaca, die ich einmal verhaftet hatte. José sah mich erstaunt an. Es waren anständige Leute, *gente humilde*. Er lächelte. *Así somos en Oaxaca*. Sie haben ihre Sachen mit mir geteilt, so wie du jetzt. Ich erzählte von dem Trockenfleisch, den Heuschrecken, dem getrockneten Fisch. José strahlte. Aber das Beste war der selbst gemachte Mezcal, den sie mir schenkten. Ahh, sagte José, *el mezcal es muy bueno*.

Doch dann schüttelte er den Kopf. *Yo antes tomaba mucho mezcal.* Mein Cousin macht seinen eigenen Mezcal, er erntet den Maguey in der Umgebung unseres Dorfs. Wir haben das Zeug direkt aus dem Destillierkolben getrunken. *Fui alcohólico,* sagte er. Aber seit fünfzehn Jahren bin ich trocken, seit der Geburt meines ersten Sohns.

Die Vormittage im Coffeeshop waren immer gleich. Wenn José seine Arbeit erledigt hatte, kam er herein und frühstückte mit mir. Fast zwei Jahre gab es keinen Tag, an dem er nicht erschien, sich hinsetzte und sein Essen mit mir teilte.

Eines Tages fragte ich José nach seinem Zuhause in Oaxaca. Er stammte aus einem kleinen Dorf in den Bergen südlich der Hauptstadt. Es ist friedlich dort, sagte er, die Gewalt ist noch nicht bis dorthin vorgedrungen. In meiner Heimat sind die Menschen bescheiden und arbeitsam. Viel Geld kann man dort nicht verdienen, aber mein Dorf ist noch frei von Drogen und Kriminalität.

Später kam er noch einmal vorbei. Auf seinem Smartphone öffnete er Google Earth und fuhr mit den Fingern über den Bildschirm, bis sein Heimatdorf, eingebettet in eine grüne Berglandschaft, gut zu sehen war. Er zeigte auf die bewirtschafteten Felder am Dorfrand. Dort machen meine Cousins ihren Mezcal, erzählte er. Auf Street View waren bunte Häuser und aufgerissene Straßen zu sehen. Das hier ist die Kirche, sagte er, und das der Dorfplatz. Zwischendurch schenkte ich Kaffee nach und nahm eine Bestellung auf, aber José starrte unverwandt auf sein Smartphone. Hier, schau, rief er, das ist das Haus meiner Mutter. Er zeigte mit dem Finger auf den Bildschirm. Du erkennst es an den Bögen. Er lächelte.

Als meine Mutter mich zum ersten Mal nach Mexiko mitnahm, war ich noch ein Kind. Wir fuhren mit der Bahn nach Casas Grandes im Bundesstaat Chihuahua, um dort die Ruinen der alten Mogollon-Siedlung Paquimé zu besichtigen. Ich wollte mit dir nach Mexiko fahren, erzählte sie später, damit du die Grenzregion kennenlernst und für dich entdeckst, wie viel Kraft in dieser Landschaft steckt, wie viel Geschichte.

Meine Mutter hatte sich gerade von meinem Vater getrennt und wollte sich nun beweisen, dass sie keinen Beschützer brauchte, dass sie als alleinstehende Frau voller Vertrauen reisen konnte und dass sich dieses Vertrauen auf ihren Sohn übertragen würde. Als wir in einer Stadt in der Nähe der Ruinen angekommen waren, gingen wir zu einem Markt gleich neben dem Bahnhof. Meine Mutter fragte einen Mann, der dort arbeitete, ob er eine Unterkunft für uns wisse. Der Mann lächelte und sprach sie mit Señora an, nicht mit Señorita, für sie etwas ganz Neues. Er schrieb den Namen und die Anschrift einer Frau auf, die in der Nähe eine Pension führte. Sie nimmt nur wenige Gäste, sagte er, aber eine Mutter mit Kind wird sie bestimmt nicht abweisen.

Später am Nachmittag, nachdem wir unser Gepäck dort abgestellt hatten, gingen wir zu einer kleinen Plaza. Meine Mutter erinnert sich, dass dort Frauen und Kinder waren, die Frauen begrüßten sie freundlich, eine Frau umarmte sie sogar und sprach ein paar Worte Spanisch mit mir. Sie machte mich mit ihrem Sohn bekannt, und schon liefen wir davon und spielten auf den Stufen des Pavillons. Nie, erzählte meine Mutter später, sei sie von anderen Frauen so warmherzig aufgenommen worden. Es muss ein ganz besonderer Moment gewesen sein. Dass sie schlecht Spanisch sprach, dass sie eine ausländische Touristin war, spielte keine Rolle. Wir waren Mütter, sagte sie, das verband uns.

Am nächsten Tag fuhr uns der Marktmensch zu den Ruinen von Paquimé. Bei unserer Ankunft stellte sich heraus, dass das Gelände wegen archäologischer Grabungsarbeiten geschlossen war. Als die Arbeiter aber sahen, dass meine Mutter mit einem kleinen Kind von weit her gekommen war, erlaubten sie uns, durch die Ruinen zu wandern. Die Männer faszinierten mich. Bald spielte ich Cowboy und Indianer. Ich versteckte mich hinter einem Felsen, sprang plötzlich mit ausgestrecktem Arm hervor, zielte auf sie und rief Bummm. Ein Mann, erzählte meine Mutter später, griff sich zum Schein an die Brust und ließ sich zu Boden fallen, als hätte ich ihn getroffen. Ich soll laut gelacht haben. Ein anderer ließ sein Werkzeug fallen und versteckte sich hinter einer Mauer, sprang wieder hervor, zielte auf mich und rief Bummm. Überrascht wich ich zurück.

An diesem Nachmittag muss ich die ganze Zeit vergnügt durch das Ruinenlabyrinth gelaufen sein. Meine Mutter verlor mich aus den Augen, war aber unbesorgt. Sie vertraute mir, sie vertraute dem Ort, sie vertraute den Menschen.

An einem heißen Sommertag fiel mir auf, dass José nicht zur Arbeit erschienen war. Später kam die Besitzerin des Mercado, eine Frau namens Diane, auf ihren täglichen Latte vorbei. Ich fragte sie, ob sie von José gehört habe. Gestern Abend hat er angerufen, sagte sie. Seine Mutter liegt im Sterben, die Ärmste. Er hat sich zwei Wochen freigenommen, er will nach Oaxaca fahren, damit er sie vor ihrem Tod noch einmal sehen kann. Ich weiß, wie das ist. Ich war bei meiner Mutter in der Nacht, in der sie starb. Sie ist im Schlaf gestorben, die Gute. Ich war furchtbar traurig, aber es war wichtig, dass ich bei ihr war. José tut mir wahnsinnig leid, er ist so ein netter Kerl. Und er ist der beste Arbeiter, den wir je hatten. In den drei Jahren, die er für mich arbeitet, hat er nicht einen Tag gefehlt. Das ist das erste Mal, dass er nicht zur Arbeit erschienen ist.

Als Diane ein paar Wochen später wieder am Tresen saß und ihren Latte trank, fragte ich sie, ob sie von José gehört habe. Er ist immer noch in Oaxaca, sagte sie, er kümmert sich um den Besitz seiner Mutter. Später am Tag rief sie mir durch die offene Tür zu, ob sie mich draußen sprechen könne.

Wir gingen zum Parkplatz. Ich wollte nicht im Beisein deiner Gäste darüber reden, sagte Diane, aber ich glaube, José hat Probleme mit der Wiedereinreise. Was denn für Probleme?, fragte ich. Er hat wohl keine Papiere, sagte Diane. Wir haben ihn nie danach gefragt. Herrje, hätte ich doch nur vor seiner Abreise mit ihm darüber gesprochen, sagte ich. Du hättest nicht viel erreicht, sagte Diane. Glaub mir, niemand hätte ihn von der Reise abbringen können. Er hat keine Ahnung, sagte ich, man kommt nicht mehr so einfach über die Grenze wie früher.

Gibt es irgendeine Möglichkeit, Kontakt mit ihm aufzunehmen?, fragte ich. Ich könnte dir die Nummer seiner Familie geben, sagte Diane. Er ist in der Nähe der Grenze und versucht, rüberzukommen. Das war das Letzte, was ich gehört habe. Unmöglich, sagte ich, das kann er nicht machen. Nicht im Sommer. Ich muss mit ihm reden. Ich schloss die Augen, sah Bilder von Lavageröll und aufgedunsenen Leichen, von Krankenhausbetten und rußgeschwärzter Haut. Nein, flüsterte ich, nicht José.

Ein Kind meldete sich am Telefon. Ich stellte mich als Freund von José vor. Bist du sein Sohn?, fragte ich. Der Junge schwieg. Dein Papa und ich sind Arbeitskollegen. Ich habe gehört, er ist an der Grenze, will rüberkommen. Weißt du, ob es ihm gut geht? Nach langem Schweigen sagte er schließlich: Soll meine Mama zurückrufen? Ja, gut, sagte ich. Dann legte er auf.

Eine halbe Stunde später klingelte mein Telefon. *Soy Lupe,* sagte eine Frauenstimme, *esposa de José.* Wieder stellte ich mich als Arbeitskollege von José vor und sagte, dass ich mir Sorgen machte. Die Frau schwieg, als überlegte sie, was sie als Nächstes sagen sollte, wie viel sie mir überhaupt sagen durfte. Am liebsten hätte ich sofort gesagt, dass es viel zu heiß und viel zu riskant sei, dass er es später versuchen solle. Komisch, dass Sie anrufen, sagte sie schließlich, gerade hat das mexikanische Konsulat angerufen, um mir mitzuteilen, dass José vor zwei Tagen vom Grenzschutz verhaftet worden ist. Heute Nachmittag um zwei hat er einen Gerichtstermin. Wo, haben sie mir nicht gesagt. Lupes Stimme klang ganz dünn, als könne sie nur wiederholen, was man ihr gesagt hatte. Heute um zwei?, fragte ich. Ja. Unruhig lief ich auf und ab, Erinnerungen an Prozeduren und Vorschriften stiegen in mir hoch. Ich glaube, ich weiß, wo er sein wird, sagte ich. Kann ich Sie zurückrufen?

Seit Monaten hatten Morales und ich nicht mehr voneinander gehört, aber ich rief trotzdem an. Hey, Alter, bist du noch immer beim Gericht?, fragte ich. Klar, sagte er, aber nicht heute. Wieso? Ich glaube, ein Bekannter von mir hat heute einen Termin, sagte ich. Mannomann, sagte Morales, ein paar Jahre raus aus dem Grenzschutz, und schon sind alle deine Freunde *mojados*? Kleiner Scherz, grummelte er, während ich noch nach einer witzigen Antwort suchte. Ich weiß, wie es ist. Natürlich weißt du das, blaffte ich zurück. Glaubst du, ich hab vergessen, dass du aus Douglas bist? Du könntest ein *mojado* sein und würdest es nicht einmal wissen. Wenn du im Gericht erscheinst, solltest du besser deine Uniform tragen, sonst deportieren sie dich noch. Ist ja gut, rief Morales und lachte.

Ich fragte ihn, ob die Verhandlungen weiterhin öffentlich seien. Ja, sagte er, ständig sind irgendwelche Hippies und Demonstranten da. Musstest du noch nie vor Gericht erscheinen? Nein, sagte ich. Also, du weißt, wo das Gericht ist? Zweiter Stock, Hauptverhandlungssaal – und sei um halb zwei da. Ich schaute auf meine Uhr. Werde ich ihn sehen können?, fragte ich. Ja, sagte Morales, falls du ihn erkennst. Heute werden dreißig oder vierzig Leute vorgeführt, und sie werden dir den Rücken zukehren. Kann seine Familie auch kommen?, fragte ich. Klar. Ich weiß nicht, ob sie Papiere haben, sagte ich. Dürfte keine Rolle spielen, sagte Morales, niemand wird sich für sie interessieren. Werden sie mit ihm sprechen können? Nein, sagte er geschäftsmäßig. Aber wenn du rechts im Gerichtssaal sitzt, in der ersten oder zweiten Reihe, gleich an der Wand, dann kannst du dich bemerkbar machen, wenn er hinausgeführt wird.

Lupe stand draußen vor dem Verhandlungssaal. Sie war mit ihrem Gemeindepfarrer und den drei Söhnen gekommen – fünfzehn, zehn und acht Jahre alt, die sie aus dem Unterricht geholt hatte, damit sie ihren Vater sehen konnten. Ich hielt die Tür auf und wies auf die Sitzbänke rechts an der Wand. Erste Reihe, flüsterte ich. Die Verhandlung hatte gerade begonnen. Beim Eintreten registrierte ich sofort den Geruch, der mir jahrelang nicht mehr begegnet war, der Gestank von Dutzenden ungewaschenen Menschen, die seit Tagen in der Wüste unterwegs gewesen waren, schweißgebadet und sonnenverbrannt. Der Raum hatte etwas von einer Kathedrale, türkis und hellrosa gestrichene Balken an einer hohen Decke. Der Richter beherrschte den Saal, ein kleines weißes Gesicht inmitten von schwarzen Roben, darüber das Siegel der Vereinigten Staaten von Amerika, ein großer Adler, der den Kopf zur Seite drehte, als wollte er wegschauen.

Ich saß neben Lupe, die den Jüngsten an sich drückte, gleich daneben der Älteste. Hinter uns saß der Pfarrer mit dem mittleren Sohn. Der Richter richtete das Wort an die rund vierzig Angeklagten, mehrheitlich Männer, die schwarze Kopfhörer trugen und den Worten eines Dolmetschers lauschten. Ihnen allen werden zwei Straftaten vorgeworfen, sagte der Richter. Wenn ich richtig informiert bin, wollen Sie sich alle schuldig bekennen, was den Vorwurf des illegalen Grenzübertritts angeht. Im Gegenzug ist die Staatsanwaltschaft bereit, den Vorwurf der illegalen Wiedereinreise nach Abschiebung fallen zu lassen. Einige Männer saßen vornübergebeugt, die Hand auf dem Kopfhörer. Es ist wichtig, dass Sie das verstanden haben, fuhr der Richter fort. Wenn ja, zeigen Sie das bitte an, indem Sie sich erheben. Alle Männer erhoben sich, die einen aufrecht, mit fast trotzig gerecktem Kopf, andere mit hängenden Schultern, den Blick zu Boden gerichtet.

Die Höchststrafe in diesem Fall ist sechs Monate Gefängnis zuzüglich einer Geldstrafe in Höhe von fünftausend Dollar, fuhr der Richter fort. Der Staatsanwalt hat sich jedoch bereit erklärt, in Anbetracht Ihres Schuldeingeständnisses die Geldstrafe zu erlassen. Ich bemerkte den Blick eines Grenzschützers, der mich anfunkelte, als hätte ich es auf ihn persönlich abgesehen. Ich starrte auf seine grüne Uniform, auf das Abzeichen an der Brust, auf die Pistole am Gürtel, auf die messerscharf gebügelten Ärmel. Sie müssen wissen, fuhr der Richter fort, dass diese Verurteilung immer gegen Sie verwendet werden wird, sollten Sie in Zukunft bei einem illegalen Grenzübertritt verhaftet werden, und dann müssten Sie vermutlich Jahre im Gefängnis verbringen, nicht Tage oder Monate.

Können Sie José sehen?, fragte ich Lupe. Ich weiß nicht, ich kann die Gesichter nicht sehen. Ihr Jüngster stieß nervös mit den Füßen gegen die Sitzbank vor ihm. *Tranquilo,* flüsterte sie und legte die Hand auf seinen Oberschenkel. Derweil erhoben sich die Angeklagten von ihren Plätzen und traten, an Händen und Füßen gefesselt, in Fünfergruppen nach vorne, flankiert von hektisch umhereilenden Pflichtverteidigern. Der Richter begann mit dem Angeklagten, der ganz links stand. Mr. Amaya, hob er an, als läse er aus einem Bühnenskript: Sind Sie mexikanischer Staatsbürger? *Sí.* Haben Sie am oder um den 31. August 2015 unweit von Lukeville, Arizona, amerikanisches Territorium betreten? *Sí.* Haben Sie dabei einen offiziellen Grenzübergang benutzt? *No.* Zum Vorwurf des illegalen Grenzübertritts – bekennen Sie sich schuldig oder nicht schuldig? *Culpable, señor.*

Nachdem der Richter sämtlichen Angeklagten dieselben Fragen gestellt hatte, verkündete er das Urteil – für die meisten dreißig Tage Haft, wobei die Untersuchungshaft angerechnet wurde. Eine Frau unterbrach den Richter, bevor er zu seinem Urteilsspruch kam. Ich bin schwanger, *señor*, sagte sie. Der Richter hielt inne, sah sich um, als suche er irgendwo Orientierung, und sagte dann: Ich werde das in Ihrer Akte vermerken, damit sich jemand während der Haft um Sie kümmert.

Beim Anblick der Angeklagten, die schlurfend vor die Richterbank traten, wurde mir bewusst, dass ich noch nie eine so große Menschengruppe in entwürdigenden Fuß- und Handschellen gesehen hatte. Immer wieder hatte ich Menschen festgenommen und in Abschiebehaft überstellt, von denen die meisten durch exakt diesen Raum gingen – aber hier hatten sie sich erschreckend verändert in diesem einschüchternd hohen Saal, der von Männern in Anzug und schwarzer Robe beherrscht wurde, die nichts wussten von den finsteren Nächten in der Wüste oder der brennenden Sonne, von den endlos weiten Geröllebenen, von den Trampelpfaden, von Menschen, die den Elementen wehrlos ausgeliefert sind und vor Hitze, Kälte und Durst schlottern. Bei den Migranten in der Wüste hatte ich immer einen schwachen, aber doch noch vorhandenen Funken von Lebenswillen gespürt. Hier, im Gerichtssaal, war unübersehbar, dass ihnen seit ihrer Festnahme etwas Vitales abhandengekommen, ein Rest von Energie vernichtet oder langsam abgestorben war.

Der Pfarrer zeigte auf einen grauhaarigen Mann, der sich gerade anschickte, vor die Richterbank zu treten. Das ist euer Dad, flüsterte er den Jungen zu. Die erkannten ihn nicht. Doch, doch, sagte der Pfarrer, das ist er. Ihr erkennt ihn nicht, weil er sich normalerweise den Kopf rasiert, aber jetzt sind die Haare nachgewachsen, man kann sogar die kahle Stelle sehen. *Se ve diferente.* Die Jungen schauten einander an. *Él es,* sagte Lupe schließlich. Die Jungen saßen da und machten große Augen. Lupe ließ sich langsam vornübersinken, stützte den Kopf in die Hände und wiegte sich hin und her.

Das leise Klappern von Josés Fußfesseln schien den ganzen Raum zu erfüllen. Als er mir für einen kurzen Moment sein Profil zuwandte, sah ich das Gesicht eines Mannes, der auf hoher See die Orientierung verloren hat, dessen Augen wie aus alter Gewohnheit den Horizont absuchten, ohne große Hoffnung, irgendwo Land zu sehen. Er trug ein verschwitztes T-Shirt, in dem er zu ertrinken schien, eine kleine, hagere und eingefallene Gestalt mit ledrigem Gesicht und grauen Haarstoppeln. Als er sich umdrehte, erblickte er seine drei Söhne und seine Frau, die inzwischen wieder aufrecht dasaß. Er keuchte hörbar, schaute weg und wieder hin, als könne er es nicht glauben. Seine Kinder schluchzten leise. Ich fragte mich, ob es nicht ein furchtbarer Fehler gewesen war, sie mitgenommen zu haben. José sah ein letztes Mal sehnsuchtsvoll in ihre Richtung, dann warf er den Kopf hin und her, als wollte er einen Albtraum loswerden.

Ich habe viel über diesen Fall nachgedacht, sagte Josés Pflichtverteidiger, als wir uns eine Woche später auf dem Flur vor dem Verhandlungssaal trafen. José war als Einzigem der vierzig Angeklagten, die allesamt deportiert wurden, auf Antrag seines Verteidigers Strafaufschub gewährt worden. Walter, so hieß der Anwalt, hatte Lupe abgeraten zu kommen – es sei zu riskant, ohne Papiere zum Gerichtstermin zu erscheinen. Die

Söhne könnten ruhig kommen, sie seien ja Amerikaner. Und so nahm Lupe die drei abermals aus dem Unterricht, damit sie ihren Vater sehen konnten, und fragte mich, ob ich sie begleiten könne. Natürlich, sagte ich.

Wissen Sie, sagte Walter, Mr. Martínez' Situation ist nicht ungewöhnlich. Ungewöhnlich ist aber, dass ein Angeklagter während der Verhandlung so viel Unterstützung erfährt, dass seine Familie anwesend ist. Ich habe einen etwa gleichaltrigen Sohn, sagte er und zeigte auf Josés Ältesten. Als ich heute Morgen aufwachte, habe ich ihn in der Küche gehört. Das hat mich zum Nachdenken gebracht. Kein Vater sollte in dieser Weise von seiner Familie getrennt werden, kein Vater sollte morgens aufwachen und nicht die Möglichkeit haben, sein Kind im Nebenzimmer zu hören.

Josés Jungs tobten derweil auf dem leeren Korridor umher, und ich fragte mich, wie die breiten Flure des Gerichts auf sie wirken mochten. Mir selbst war dieser Ort reichlich fremd. Ich dachte an die unzähligen Formulare, die ich als Angehöriger des Grenzschutzes ausgefüllt hatte – Einverständniserklärungen, Anweisungen zur sofortigen Deportation, Wiederinkraftsetzungen bestehender Abschiebungsbescheide, die von Schriftführern und Anwälten und Richtern studiert wurden und die Betroffenen auf ihrem Weg von Abschiebegewahrsam zu Abschiebegewahrsam begleiteten. Und obwohl ich eine Rolle in diesem System gespielt hatte, obwohl ich an der Polizeiakademie ausgebildet worden war, hatte ich keine blasse Ahnung, was aus den Verhafteten wurde, wenn der Papierkram erledigt war und ich am Ende meiner Schicht nach Hause fuhr.

Walter und ich saßen schweigend da. Fragen waren in mir

aufgestiegen, aber ich wollte nicht allzu sachkundig erscheinen, Walter sollte nichts von meiner Vergangenheit beim Grenzschutz ahnen, dem er so oft als Kontrahent gegenübertrat. Vorsichtig fragte ich, ob er mir erklären könne, warum er für José Aufschub beantragt hatte. Also, sagte er, ich fange mal beim Grundsätzlichen an. Wir haben das Strafrecht, und wir haben das Zivilrecht, das wissen Sie ja vermutlich. Illegale Grenzübertritte fallen unter das Strafrecht, aber Staatsangehörigkeit und Einwanderung fallen unter das Zivilrecht. Die meisten derjenigen, die ohne Papiere über die Grenze kommen, sind illegale Einwanderer. Allerdings lebt Josés Familie hier, seine Kinder besitzen die amerikanische Staatsangehörigkeit. Deshalb habe ich in der letzten Woche den Richter gebeten, die Entscheidung in Josés Fall zu vertagen. Meine Hoffnung war, dass er in der Zwischenzeit einen auf Einwanderungsfragen spezialisierten Anwalt findet, der prüfen könnte, welche Chancen bestehen, wenn sein Fall vor einem Zivilgericht verhandelt wird. Seine Familie hat jemanden gefunden, sagte ich, die Inhaberin des Mercado ist mit einer fähigen Anwältin befreundet. Prima, sagte Walter. Um wen handelt es sich? Elizabeth Green. Ah, sehr gut, sagte er. Elizabeth genießt einen ausgezeichneten Ruf. Ich glaube, sie hat gerade ein Baby bekommen, sagte er.

Also, was heute passiert, ist Folgendes. Mr. Martínez wird hinsichtlich des Vorwurfs des illegalen Grenzübertritts weiterhin auf schuldig plädieren müssen, wie all die anderen in der letzten Woche. Dafür wird die Staatsanwaltschaft ihm denselben Deal anbieten – der Vorwurf des wiederholten unerlaubten Grenzübertritts wird fallen gelassen, und er wird zu dreißig Tagen Haft verurteilt. Strafrechtlich ist die Sache damit für ihn erledigt. Und das ist der springende Punkt. Nach verbüßter Strafe wird er nicht sofort abgeschoben, sondern der Fall landet bei einem Zivilgericht. Dann übernimmt Elizabeth. Sie wird sich gemeinsam mit Josés Familie eine Verteidigungsstrategie ausdenken müssen. Ich kenne mich in den Feinheiten des Einwanderungsrechts nicht so genau aus, ich weiß nur, dass es nicht umsonst ist. Man bekommt keinen Pflichtverteidiger gestellt. Es kostet Geld.

Walter beobachtete Josés Jungen. Wissen Sie, wenn eine Familie so auseinandergerissen wird, das kann man doch nicht mit ansehen. Im Einwanderungssystem wird oft vergessen, dass diese Leute auch Menschen sind. Ich erlebe es jeden Tag hier im Gericht. Für die Grenzschützer und Vollzugsbeamten, mit denen ich zu tun habe, sind diese Leute keine Menschen mehr. Ich biss mir auf die Lippen, wollte mir nichts anmerken lassen.

Ich kenne jemanden, der hier arbeitet, sagte ich. Ach ja? Wie heißt er? Morales. Oh, sagte Walter, den kenne ich auch. Ich möchte nichts Schlechtes über Ihren Bekannten sagen, aber dieser Morales ist ein besonders harter Hund. Ich fand ihn immer ein bisschen gefühllos. Wie er die Leute zusammenstaucht, sie herumschubst, solche Sachen. Ich sah Walter schweigend an.

Als Pflichtverteidiger vertrete ich alle möglichen Leute. Ich habe Grenzschützer vertreten. Einer wurde von seinen eigenen Kollegen angeschwärzt, weil er aus ihrer Sicht zu human war, zu viel Mitleid erkennen ließ. Er war unbeliebt, weil er anders war, verstehen Sie? Einmal trug er eine verletzte Frau auf dem Rücken durch die Wüste, da dachten seine Kollegen, er sei nicht hart genug, sie haben ihm nicht mehr vertraut, wollten nicht mehr mit ihm zusammenarbeiten, also haben sie ihn angeschwärzt. Wegen angeblicher Brutalität. Sie gaben an, er habe jemanden im Dienst zusammengeschlagen. Ist das nicht irre? Ich nickte. Bei den Grenzpolizisten und Vollzugsbeamten, sagte Walter, hat man manchmal den Eindruck, dass sie keinen Funken Menschlichkeit mehr in sich haben. Ich habe praktisch noch nie erlebt, dass diese Leute sich human verhalten, Mitgefühl zeigen. Ich weiß nicht, wie die das machen. Wie kommt man abends nach Hause zu den Kids, wenn man den ganzen Tag andere Menschen wie Hunde behandelt hat? Wie schafft man das?

José in seinem orangefarbenen Häftlingsanzug folgte aufmerksam den Ausführungen des Richters.

Wenn ich richtig informiert bin, beabsichtigen Sie, sich hinsichtlich des Vorwurfs des unerlaubten Grenzübertritts schuldig zu bekennen. Im Gegenzug wird die Staatsanwaltschaft den Vorwurf der illegalen Wiedereinreise nach Deportation fallen lassen.

Dieses Mal war José der einzige Angeklagte in einem mittelgroßen Gerichtssaal. Neben ihm saß Walter, hinter ihm an der Wand zwei Vollzugsbeamte, beide in dunkler Uniform, einer hochgewachsen mit einem narbigen Gesicht, dessen Blick ständig zwischen José und den Jungs hin- und herging. In einem separaten Kabuff neben dem Richter saß ein dunkelhäutiger Dolmetscher, der leise in sein Headset sprach.

Sie müssen wissen, fuhr der Richter fort, dass dieser Vorwurf in Zukunft stets gegen Sie verwendet werden wird, wenn Sie abermals beim Versuch des Grenzübertritts festgenommen werden. Dann könnte es sein, dass Sie Jahre im Gefängnis verbringen, nicht Tage oder Monate. José jr. neben mir malte ein Strichmännchen auf einen Briefumschlag. Schau, flüsterte er, das ist mein Bruder.

Mr. Martínez, sagte der Richter, sind Sie mexikanischer Staatsbürger? *Sí.* Haben Sie am oder um den 1. September 2015 unweit von Yuma, Arizona, das Territorium der Vereinigten Staaten betreten? *Sí.* Sind Sie über einen offiziellen Grenzübergang eingereist? *No, señor.* Zum Vorwurf der illegalen Einreise – bekennen Sie sich schuldig der nicht schuldig? *Culpable, señor.*

Nach der Verhandlung saßen Walter und ich wieder vor dem Gerichtssaal, während die Jungs auf dem Korridor herumtobten und irgendwann verschwanden. Von den Toilettenräumen her konnte man ihre lauten Stimmen hören. Wissen Sie, sagte Walter, wenn Mr. Martínez nicht nach Mexiko gefahren wäre, um seine sterbende Mutter zu besuchen, wäre er geschützt durch die Exekutivanordnung von Präsident Obama. Unbescholtene Eltern von US-Bürgern erhalten auf diese Weise ein provisorisches Aufenthaltsrecht. José wäre ein freier Mann. Am Ende des Korridors tauchten Josés Söhne wieder auf. Man hat euch ja bis hierher gehört, was war denn los?, wollte ich von Diego wissen. Ach nichts, sagte Diego, wir haben nur rumgebrüllt, wegen des Echos.

Plötzlich ging die Tür des Verhandlungssaals vor uns auf, und heraus kam der hochgewachsene Vollzugsbeamte mit dem pockennarbigen Gesicht. Er ging langsam zu den Jungen, die nun am anderen Ende der Sitzbank saßen, und musterte sie aufmerksam. War das euer Dad da drinnen?, fragte er. Ja, sagte Diego schüchtern. Das tut mir leid, sagte der Mann zögernd.

Für euch ist das bestimmt nicht einfach. Er löste sein Dienstabzeichen vom Revers und hielt es Diego hin, wie ein Pilot, der einem Kind sein Fliegerabzeichen schenkt. Diego nahm das Abzeichen und betrachtete es, während der Mann wieder in den Verhandlungssaal zurückkehrte.

Das ist interessant, sagte Walter. Jeden Tag sehe ich den Mann hier im Gericht, aber noch nie habe ich erlebt, dass er so etwas wie Anteilnahme ausdrückt. Manche Menschen haben mehr Mitgefühl, als sie nach außen hin zeigen, entgegnete ich.

Als wir später das Gericht verließen, fragte ich Diego, ob ich mir das Abzeichen ansehen könne. Er reagierte zunächst nicht. Zeig es ihm, sagte José jr. und stieß ihn an. Widerstrebend holte Diego das Abzeichen aus der Tasche, hielt es in der geschlossenen Hand, als wäre es etwas Kostbares, und ließ es dann in meine Hand fallen. Es war ein kleiner fünfzackiger Stern aus Messing, eingefasst von den Worten *United States Marshal*.

Als Kind hat sich meine Mutter immer geschämt, Mexikanerin zu sein. Ihre Mutter hatte deutsch-irische Vorfahren, an ihren Vater hatte sie keine Erinnerungen, weil die Eltern sich schon sehr früh getrennt hatten. Die Mutter vermittelte ihr eine bestimmte Einstellung gegenüber Mexikanern, obwohl sie im mexikanisch geprägten Südwesten der Vereinigten Staaten lebte und viele mexikanische Kollegen und Nachbarn hatte und obwohl sie sich in einen Mexikaner verliebt hatte. Als Kind bekam meine Mutter oft zu hören, sie sei unordentlich, verlogen und faul – eben eine Mexikanerin. Wenn sie etwas erreichen wollte, wenn sie einen gewissen Ehrgeiz an den Tag legte, wurde das ihrem irischen Arbeitsethos, ihrem deutschen Pflichtbewusstsein zugeschrieben. Noch Jahre später schämte sie sich, wenn sie trödelte oder Dinge aufschob, als kämpfe sie gegen eine heimtückische, minderwertige Abstammungslinie.

Von ihrem Vater besaß sie nur ein einziges Foto, das einen gut aussehenden jungen Mann zeigte, der mit dunklen, zusammengekniffenen Augen in die Ferne sah. Er trug die traditionelle Tracht eines *charro*, einen breitkrempigen Sombrero und einen locker um den Hals geschlungenen *moño*. In der linken Hand hielt er eine Zigarette, von der im nächsten Moment ein Stück Asche herunterfallen würde.

Meine Mutter hat dieses Foto oft betrachtet. Manchmal träumte sie davon, ihren Vater zu besuchen, den sie sich als einen abenteuerlustigen und draufgängerischen, geheimnisvollen und starken Mann vorstellte. In dem Sommer, in dem sie siebzehn wurde, fuhr sie schließlich nach San Diego, wo er wohnte. In ihrem schönsten mexikanischen Baumwollkleid, weiß-braun kariert und mit schwarzer Spitze besetzt, und in ihren teuersten Schuhen stand sie vor seinem Haus. Sie war total aufgeregt. Sie klopfte an die Tür in der Erwartung, einen hochgewachsenen und elegant gekleideten Caballero zu sehen. Als die Tür aufging, stand ein kleinwüchsiger Mann mit Glatze und Bauch vor ihr, der ein weißes T-Shirt und eine ausgeleierte Hose trug.

Wie meine junge Mutter bald feststellte, war ihr Vater ein Mensch, für den Familie und Tradition wichtige Werte waren, der in der Nähe seiner Geschwister wohnte, ein kleiner Postbeamter, der selten seine vertraute Umgebung verließ, ein Mann, der anscheinend keine Risiken einging. Sie schämte sich seiner, und sie schämte sich noch immer, Mexikanerin zu sein.

Erst später, als sie in Nationalparks lebte und arbeitete, begriff sie, was Traditionsbewusstsein und Heimatverbundenheit bedeuteten. In den Great Smoky Mountains von Tennessee, auf den Farmen und Ranches im westlichen Texas, in den Canyons des Hochlands von Colorado sah sie, dass die Menschen ihr Land liebten und von ihm geprägt waren. Schließlich fuhr sie zum Coronado National Memorial an der Grenze zwischen Arizona und Sonora. Sie freundete sich mit dem Direktor des Parks an, einem Mexikaner, der die doppelte Staatsangehörigkeit besaß und stolz auf seine Wurzeln war. Jahrelang hatte er in Mexiko als Schuldirektor gearbeitet, aber im Coronado Memorial – einer Gedenkstätte, die an den Conquistador Francisco Vásquez de Coronado erinnerte, der 1540 mit seinem Expeditionsheer auf dem Weg nach Norden durch diese Gegend gekommen war, was den Anstoß gab zu einem blutigen Austausch der Kulturen – sah er einen Ort, der seine eigene Geschichte erzählte.

Meine Mutter fasste bald Vertrauen zu ihm. Er war der erste Mensch, dem sie von ihrer großen Scham erzählte, Mexikanerin zu sein. So funktioniert das, sagte der Mann lächelnd. Die erste Generation bricht auf in ein neues Land, in der Hoffnung, dort akzeptiert zu werden. Nach der Ankunft müssen sie oft feststellen, dass sie geächtet werden, sie suchen unter ihresgleichen Halt und tun alles, um nur irgendwie Fuß zu fassen. Ob sie nun Englisch lernen oder nicht, sie wissen, dass ihre Kinder die neue Landessprache sprechen müssen. Manchmal verbieten sie ihren Kindern sogar, ihre Muttersprache zu sprechen. Sie wollen, dass sie gute Schulen besuchen, sich mit der neuen Kultur identifizieren und, im Gegensatz zur ersten Generation, voll und ganz akzeptiert werden. Nicht selten entfernt sich die zweite Generation von der Kultur ihrer Eltern. Man fordert sie vielleicht auf, die alte Kultur hinter sich zu lassen, und am Ende wollen sie nichts mehr mit diesem Erbe zu tun haben.

Die zweite Generation baut sich eine Identität auf, die eher auf der neuen als auf der alten Kultur gründet. Wenn sie wiederum Kinder haben, zeigt sich gewöhnlich, dass sie, die dritte Generation, fast uneingeschränkt akzeptiert wird. Sie haben es leicht – die Kultur des Landes, in das ihre Großeltern einst ausgewandert sind, ist ganz und gar die ihre. Aber wenn sie dann als junge Menschen ins Leben hinausgehen, suchen sie nach etwas Eigenem. Und dann fangen sie an, nach ihren Wurzeln zu suchen, nach Traditionen, und müssen oft feststellen, dass da nichts ist. Sie erkennen, dass im Laufe der Jahre etwas verloren gegangen ist.

Meine Mutter erzählte mir, sie habe sich nach meiner Geburt an die Worte dieses Mannes erinnert. Ihr sei klar geworden, wie weit sie sich von ihren Wurzeln entfernt hatte. Ich wollte nicht, sagte sie, dass es dir auch so geht, mein Sohn. Ich wollte, dass du stolz bist auf deine Herkunft und Stärke daraus gewinnst.

Ich saß in meinem Pick-up vor Elizabeth Greens Kanzlei und überlegte, was ich da tat, was mich dazu gebracht hatte, diese Rolle zu spielen. Es ist ein simpler Freundschaftsdienst, sagte ich mir schließlich.

Eine Rezeptionistin schickte mich in ein Besprechungszimmer im ersten Stock. Dort saßen Diane und Elizabeth schon an einem Tisch und plauderten über Elizabeths Neugeborenes. Ich begrüßte Diane und stellte mich Elizabeth vor. Ich arbeite in Dianes Mercado, sagte ich, ich bin ein Freund von José. Er spricht Spanisch, sagte Diane, er ist der Familie eine große Hilfe. Sehr schön, sagte Elizabeth. Ich setzte mich an den Tisch, neben einem breiten Fenster, von dem aus man einen weiten Blick bis zu den Bergen im Westen hatte. Ich sah auf meine Uhr. Lupe war spät dran. Ich schlafe nicht mehr durch, sagte Elizabeth, er liegt im Nebenzimmer, ich höre ihn schreien. Fast kommt es mir vor, als könnte ich ihn atmen hören.

Mein Telefon klingelte. Lupe war eingetroffen und fragte, ob ich ihr helfen könne, die Kanzlei zu finden. Ich entschuldigte mich und verließ den Raum. Draußen auf dem Parkplatz sah ich sie mit dem Pfarrer. Ich begrüßte die beiden. Schön, Sie wiederzusehen, sagte ich zu ihm. Sehr freundlich von Ihnen, dass Sie mitgekommen sind.

Elizabeth begrüßte die beiden und bat uns, Platz zu nehmen. Sie begann auf Spanisch, wandte sich in langsamen, bedachtsamen Sätzen direkt an Lupe. Bedauerlicherweise ist Josés Fall alles andere als ungewöhnlich. Ungewöhnlich ist aber, dass so viele Menschen hier zusammengekommen sind. Meistens erscheinen nur die unmittelbaren Familienangehörigen zu einer solchen Besprechung. José muss einen starken Eindruck auf Sie gemacht haben, sagte Elizabeth, an Diane, den Pfarrer und mich gewandt. Ich möchte heute mit Ihnen besprechen, was die beste Verteidigungsstrategie ist. Wir werden alles für ihn tun, sagte sie in Richtung Lupe. *Todo lo posible.*

Dann fuhr sie auf Englisch fort und bat mich, zu dolmetschen. Ich möchte zunächst ein paar Dinge klarstellen, begann sie. Wir sollten keine allzu großen Erwartungen haben. Es wird ein schwieriger Fall, nicht aussichtslos, aber schwierig. Ich möchte auch darauf hinweisen, dass José, selbst wenn er bleiben darf, vermutlich nicht an seinen alten Arbeitsplatz zurückkehren kann, sagte sie in Richtung Diane, denn inzwischen wissen Sie ja, dass er keine Papiere hat. Es ist ein Jammer, sagte Diane, José war immer ein ausgezeichneter Mitarbeiter, ein liebenswürdiger Mensch. Also, sagte Elizabeth, es kommt nicht oft vor, dass ein Arbeitgeber sich so sehr für einen Mitarbeiter einsetzt, dass er zu einer solchen Besprechung erscheint, um ihn vor Abschiebung zu bewahren. Diane zuckte mit den Schultern. Ich hatte wirklich geglaubt, es sei alles in Ordnung, sagte sie. Zuerst haben wir ihn als selbstständigen Subunternehmer beschäftigt. Er hat alle Papiere ausgefüllt, er hatte eine Sozialversicherungsnummer, und am Ende eines jeden Jahres haben wir seine Bezüge dem Finanzamt gemeldet. Mir ist gar nicht aufgefallen, dass er, obwohl er schon jahrelang für uns gearbeitet hatte, nie um Festanstellung gebeten, nie Sozialleistungen in Anspruch genommen hat. Vielleicht wollte er das so, zu seinem eigenen Schutz und um zu vermeiden, dass wir von seinem Aufenthaltsstatus erfahren. Ich habe einfach nie darüber nachgedacht.

Juristisch ist daran nichts auszusetzen, sagte Elizabeth, Sie hatten ja keine Kenntnis von seinem Aufenthaltsstatus. Aber Sie müssen wissen, dass José auch im besten Fall nicht mit einer Legalisierung rechnen kann. Sie alle sollen wissen, dass wir keine Legalisierung anstreben. Nach den bestehenden rechtlichen Bestimmungen hat er im Grunde erst dann einen Anspruch auf Legalisierung, wenn sein ältester Sohn achtzehn wird und beim Einbürgerungsverfahren seiner Eltern als Bürge auftreten kann. Und da er bereits 1996 mit einer Abschiebung aktenkundig geworden ist, sind unsere Optionen beschränkt.

Elizabeth wandte sich nun an Lupe. Ich möchte Ihnen ein paar Fragen stellen. Zunächst einmal, hatte José, abgesehen von seiner damaligen Abschiebung, irgendwann Probleme mit der Polizei? Nein, sagte Lupe, nie. José hat früher getrunken, aber er hat nie Ärger deswegen bekommen. Seit der Geburt unseres ältesten Sohns hat er kein einziges Glas mehr getrunken. Gut, sagte Elizabeth. Die nächste Frage könnte etwas schwieriger zu beantworten sein, aber es ist wichtig. Sind Sie, José oder die Jungen hier in den Staaten irgendwann Opfer eines Gewaltverbrechens geworden? Nein, sagte Lupe.

Damit bleiben uns zwei Optionen, sagte Elizabeth. Erstens: José könnte angeben, dass er Angst davor hat, nach Mexiko zurückzukehren. In dem Fall würde geprüft, ob so etwas wie Asyl in Frage käme. Er würde mindestens sechs Monate im Gewahrsam der Einwanderungsbehörde bleiben, bevor er gegen Kaution freikäme.

Entschuldigen Sie, sagte Lupe, was heißt das genau – Angst, nach Mexiko zurückzukehren? Natürlich hat er Angst. *La violencia, la delincuencia, la corrupción.* Ja, sagte Elizabeth, natürlich. Ich meine etwas Konkreteres. Wenn José beispielsweise Todesdrohungen erhalten hat, von einem Drogenkartell oder einer anderen Gruppe. Wenn er einer verfolgten Minderheit angehört. Streitigkeiten um Grund und Boden, Blutfehden zwischen oder innerhalb von Familien, solche Sachen.

Lupe schüttelte den Kopf. Nein, nichts dergleichen. Gut, sagte Elizabeth, ich werde José im Gefängnis besuchen und mit ihm darüber reden. Aber lassen Sie mich klarstellen: Das Ziel eines Asylantrags ist nicht, dass wir gewinnen. Fast kein Mexikaner erhält hier Asyl, nur etwa ein Prozent der Fälle wird positiv beschieden. Aber wir gewinnen Zeit, und auf diese

Weise könnten wir einen Antrag auf Duldung untermauern. Lupe sah mich ausdruckslos an, während ich dolmetschte.

Und damit kommen wir zur zweiten Option. Die sähe so aus: Wir beantragen einen Aufschub der Abschiebung gemäß Exekutivorder, wonach bestimmte Einwanderer, beispielsweise unbescholtene Eltern von US-Bürgern, Schutz vor Abschiebung genießen. Das Problem ist natürlich, dass José schon einmal abgeschoben wurde, und hinzu kommen seine jüngste Ausreise und illegale Wiedereinreise. Das bedeutet, dass er nunmehr als *recent entrant* betrachtet wird, und solche Personen werden prioritär abgeschoben, ungeachtet der Exekutivorder. Wir müssen also versuchen, die Staatsanwaltschaft an ihren Ermessensspielraum zu erinnern. Das bedeutet, dass wir all die zwingenden Gründe darlegen, weshalb José eine Duldung gewährt werden sollte, obwohl er kürzlich illegal eingereist ist. Unser Ziel ist es, José aus dem Gefängnis herauszubekommen und Zeit zu gewinnen, in der Hoffnung, dass die Einwanderungsgesetze bald reformiert werden. José hätte noch immer keine Arbeitserlaubnis, er würde im Schatten leben, aber er wäre geschützt. Er könnte bleiben und müsste sich keine Sorgen machen.

Elizabeth sah uns an. Ich möchte Sie alle um Ihre Mithilfe bitten. Von Ihnen, Lupe, bräuchte ich sämtliche vorhandenen Unterlagen, aus denen hervorgeht, seit wann José in den Vereinigten Staaten lebt und arbeitet. Lohnzettel und Steuerdokumente, die ein Beschäftigungsverhältnis belegen, Miet- und Pachtverträge, Verträge mit Stromversorgern, andere Dokumente, aus denen sein ständiger Aufenthalt hervorgeht. Wie lange ist José schon in den Vereinigten Staaten? Lupe dachte einen Moment nach. Über dreißig Jahre, sagte sie schließlich.

Elizabeth schien überrascht. Wenn Sie Unterlagen beibringen können, aus denen hervorgeht, dass er seit über dreißig Jahren ununterbrochen in den Vereinigten Staaten lebt, dann wäre das sehr gut für seinen Antrag. Wir bräuchten auch alles, was Sie an Dokumenten über Ihre Kinder beibringen können: Geburtsurkunden, Zeugnisse, ärztliche Atteste sind besonders wichtig. Haben Ihre Kinder irgendwelche gesundheitlichen Probleme? Mein Jüngster, Vicente, hat Probleme mit dem Kopf. Das Sprechen fällt ihm schwer. José jr. hat Asthma. Und vor anderthalb Jahren wurde er von einem Auto angefahren. Er humpelt immer noch. Und Diego, der Älteste, hat Meningitis. Ach, das tut mir leid, sagte Elizabeth. All diese Unterlagen werden für den Antrag nützlich sein – alles, was Sie an Dokumenten über die gesundheitlichen Probleme Ihrer Kinder vorlegen können, wäre hilfreich.

Elizabeth wandte sich wieder an mich, Diane und den Pfarrer. Hilfreich wären auch persönliche Zeugnisse, die seinen guten Leumund bestätigen. Schreiben von aktuellen und älteren Arbeitgebern, Vermietern, Nachbarn, von der Kirchengemeinde und von Familienangehörigen, vor allem von solchen, die aufenthaltsberechtigt sind. Je mehr, desto besser. Bestätigungen, dass er sich als Kirchenmitglied für die Gemeinde engagiert hat. Aus dem Schreiben sollte hervorgehen, seit wann der Betreffende José kennt, in welcher Eigenschaft er ihn kennengelernt hat und warum er sich für José einsetzt – charakterliche Vorzüge, Arbeitsmoral und so weiter. Beispiele wären sinnvoll, und der Betreffende sollte auch erwähnen, was ihn an José besonders beeindruckt hat, warum er jemand Besonderes ist. Wenn der Betreffende darlegen kann, dass ihm die Schwierigkeiten vertraut sind, in die seine Familie durch eine Abschiebung geraten würde, dann sollte das erwähnt werden. Ich hörte Elizabeths Ausführungen und fragte mich, wie man solche Schwierigkeiten in Worte fassen konnte.

Zum Schluss noch etwas, sagte Elizabeth. Damit wir loslegen können, bräuchten wir eine Anzahlung in Höhe von 50 Prozent unseres Honorars von insgesamt viertausend Dollar. Das wären also zweitausend Dollar. Wir übernehmen die Hälfte, sagte Diane, mein Mann und ich haben das schon beschlossen. Der Pfarrer erklärte, dass seine Gemeinde für die andere Hälfte aufkommen wolle. Fantastisch, sagte Elizabeth. Lupe schaute sich um, wusste nicht recht, was sie sagen oder wie sie reagieren sollte.

Gibt es noch irgendwelche Fragen?, fragte Elizabeth. Diane meldete sich. Was passiert eigentlich, wenn Josés Antrag abgelehnt wird? Tja, sagte Elizabeth, dann wird man ihn natürlich nach Mexiko zurückschicken, sobald der Ausweisungsbeschluss vorliegt, und das geht dann sehr schnell. Manchmal werden wir erst informiert, wenn die Entscheidung längst gefallen ist und der Betroffene bereits deportiert wurde. Entscheidungen in Einwanderungssachen werden nicht von einem Gericht getroffen, das heißt, Josés Fall wird nicht vor Gericht verhandelt. Wir legen die Dokumente vor, die Entscheidung wird dann hinter verschlossenen Türen getroffen.

Wenn José ausgewiesen wird, wird das natürlich in seiner Akte vermerkt, und dann wird es schwerer für ihn, wenn er später eine Legalisierung seines Aufenthaltsstatus beantragt. Ein Ausweisungsbeschluss wird mit einem fünfjährigen Wiedereinreiseverbot einhergehen. Diane seufzte. Und wenn er es trotzdem versucht?, fragte sie. Er wird jedes Mal, wenn er aufgegriffen wird, eine längere Haftstrafe verbüßen müssen, sagte Elizabeth. Statt dreißig Tagen werden sie ihm sechzig, dann neunzig Tage aufbrummen. Das Wiedereinreiseverbot wird für zehn Jahre gelten, dann zwanzig Jahre und so weiter.

Und an Lupe gewandt, sagte sie: Ich möchte sicher sein, dass Sie wissen, wo Ihr Mann sich befindet. Die dreißig Tage, zu denen er verurteilt wurde, wird er im Staatsgefängnis absitzen. Und wenn sein Fall bis dahin noch immer nicht abgeschlossen ist, womit wir rechnen können, wird er in den Gewahrsam der Einwanderungsbehörde verlegt. Sie schrieb eine Nummer auf ein Stück Papier, das sie Lupe gab. Das ist seine Häftlingsnummer, sagte sie. Sie werden sie angeben müssen, wenn Sie mit dem Gefängnis kommunizieren wollen. Haben Sie noch Fragen? Nur eine, sagte Lupe. Können die Jungs ihren Vater besuchen? Ja, sagte sie, Besuche in der Haftanstalt sind erlaubt. Aber man muss dort einen Ausweis vorlegen, für Sie wäre es also riskant. Sie müssten jemanden finden, der die Jungen begleitet.

In aller Frühe, noch vor Sonnenaufgang, fuhr ich durch den Trailer Park auf der Suche nach Josés Heim. Schließlich fand ich es – ein *double-wide* mit zwei Türen, neben einem Müllcontainer. Nirgendwo Licht. Ich klopfte an beide Türen. Nach einer Weile klopfte ich noch einmal, lauter, bis im Innern Geräusche zu hören waren und ein Licht anging. Lupe stand verschlafen in der Tür. Diego ist gleich fertig, sagte sie, er braucht noch eine Minute. Nur er?, fragte ich. Ja, sagte Lupe, die Kleinen sollen noch schlafen.

Diego saß während der Fahrt schweigend da. Hast du schon was gegessen?, fragte ich. Nein. Wir hielten an einem McDonald's, ich bestellte ein Sausage McMuffin, Diego zwei Sausage Burritos. Er gab mir Geld. Schon okay, sagte ich, das übernehme ich. Nein, nein, sagte er, meine Mama hat mir Geld mitgegeben. Sie würde ausflippen, wenn Sie bezahlen. Na schön, sagte ich, vielen Dank.

Weißt du, sagte ich, während Diego seinen ersten Burrito auswickelte, dein Vater hat jeden Morgen auf der Arbeit einen Burrito gegessen. Er hat mir immer die Hälfte abgegeben. Ich fragte Diego nach der Schule, was er in seiner Freizeit machte. Ich spiele Fußball, sagte er. Ah ja? Hast du einen Lieblingsverein? Nein, ich spiele einfach gern. Ich spiele mit meinen Brüdern im Park. Mein Vater ist oft mit uns dorthin gegangen. Ich spiele auch in einer Mannschaft der Kirchengemeinde. Er biss wieder in seinen Burrito. Auf welcher Position?, fragte ich. Stürmer, sagte er. Ich schieße die Tore.

Nach einer knappen Stunde zeigte sich die Sonne schließlich am Horizont und warf ihre ersten Strahlen über das weite Land. Wir kamen an Gebäuden und Wohnhäusern vorbei, und bald war in der Ferne der Gefängniskomplex zu sehen. Wir fuhren durch ruhige Straßen, vorbei an einer Highschool, einem Großmarkt, einem italienischen Restaurant, bis wir zu der klotzigen Haftanstalt am anderen Ende der Stadt kamen. Ein Wachmann in einem weißen Truck kontrollierte die Zufahrt. Ich ließ das Fenster herunter. Wir wollen jemand besuchen, sagte ich. Welcher Block? Ich las die Angaben, die ich notiert hatte. Besuchszeit ist dort erst ab neun Uhr. Was? Aber auf der Website stand … Der Wachmann fiel mir ins Wort. Neun Uhr! Können wir irgendwo warten? Ich spürte, dass er mich durch seine Sonnenbrille gereizt anstarrte. In der Stadt gibt es einen Diner. Da könnt ihr warten.

Es war kurz vor sieben, als wir dort ankamen. Diego und ich setzten uns ans Fenster und sahen schweigend hinaus. Warmes Sonnenlicht lag auf dem Asphalt. Eine Kellnerin brachte zwei Speisekarten und eine Karaffe mit Wasser. Morgen, Jungs, sagte sie, ihr habt bestimmt Hunger. Leider haben wir schon gefrühstückt, sagte ich. Wir warten auf die Besuchszeit im Gefängnis, sagte ich. Das erleben Sie sicher oft. Manchmal, sagte sie. Ist es okay, wenn wir bloß Kaffee und eine Kleinigkeit bestellen? Sie lächelte, deutete mit einer Kopfbewegung auf den einzigen anderen Gast, einen korpulenten Mann mit Cowboyhut, der am Tresen angeregt mit einer Kollegin der Kellnerin plauderte. Ist schon okay, sagte sie, nahm die Speisekarten und entfernte sich.

Wir schauten wieder aus dem Fenster. Trinkst du zu Hause Kaffee?, fragte ich Diego. Ja, sagte er, aber es schmeckt mir nicht. Dein Dad trinkt ihn mit Vanille und Sahne. Oh, das wusste ich nicht. Morgens habe ich ihn nie gesehen.

Zwei Stunden später standen wir wieder an der Einfahrt zum Gefängnis. Der Wachmann im weißen Truck hielt uns die Hand entgegen. Ich ließ das Fenster hinunter. Heute keine Besuche. Was? Es ist neun, sagte ich. In Block E wird randaliert. Keine Besuche. Ich schaute zu Diego und dann wieder zu dem Wachmann. Wie lange noch? Er zuckte mit den Schultern. Woher soll ich das wissen. Bis sich die Jungs wieder beruhigt haben.

Lupe sollte im Mercado vorbeischauen, wenn ich Schichtende hatte. Ich hatte ihr angeboten, die Dokumente durchzugehen und sie dann bei Elizabeth in der Kanzlei abzugeben. Lupe saß an einem kleinen Tisch, das Haar straff zurückgebunden. Sie begrüßte mich mit einem schüchternen Lächeln und holte einen Umschlag voller Papiere aus ihrer Tasche, die ich rasch überflog. Die Unterlagen stammten aus den Jahren 1981, 1990, 1993, 1994, 1997, 2002, 2003, 2005, 2009, 2012 und 2015. Es waren Josés alte ID-Karten, Lohnzettel, Versicherungspolicen, Mietverträge, Stromrechnungen, Gesundheitsatteste, Kontoauszüge und Kreditkartenabrechnungen – ein hastig zusammengeworfenes Dossier über ein Leben am Rande einer Gesellschaft, die nun ihre ganze Maschinerie gegen ihn in Bewegung setzte.

Ich gab Lupe die Dokumente zurück und bat sie, mich kurz zu entschuldigen. Ich ging über den Hof und klopfte an der offen stehenden Tür von Dianes Büro. Herein, hörte ich sie rufen. Lupe ist da, sagte ich, sie hat einen Haufen Papiere mitgebracht. Es ist ein ziemliches Durcheinander. Gibt es hier einen großen Tisch, wo wir alles ausbreiten und ordnen können? Ja, sicher, sagte Diane und ging mit mir zu einem Besprechungszimmer. Der Raum ist bis zum späten Nachmittag frei. Brauchst du noch etwas? Vielleicht ein paar Filzstifte und Hefter, sagte ich. Nebenan findest du alles, sagte Diane. Bedien dich.

In den nächsten zwei Stunden sortierten Lupe und ich Stapel von teilweise schon vergilbten Papieren: Dokumente, aus denen hervorging, dass José im Alter von elf Jahren in die Vereinigten Staaten gekommen war, wo er in all den Jahren beschäftigt gewesen war, und dass er als Geschirrspüler, Abräumhilfe, Hausmeister, Automechaniker, Wartungstechniker, Landarbeiter, Obstpflücker, Traktorfahrer, Fabrikarbeiter, Lkw-Fahrer und Bauhilfsarbeiter den Mindestlohn verdient hatte; seine Heiratsurkunde, die Geburtsurkunden seiner drei

Söhne, die Sterbeurkunde seiner Mutter; Bescheinigungen, die Auskunft über die Entwicklung seiner Kinder gaben – Kinder, die der Schulschwester vorgestellt und in der örtlichen Klinik untersucht wurden, die sich Gehirnscans unterziehen mussten und logopädische Therapie erhielten, die Noten und Zeugnisse bekamen und mit doppelter Identität aufwuchsen: Einwanderer und Amerikaner.

Dann bereitete ich die Ordner vor. Auf einen schrieb ich ARBEIT, auf einen anderen WOHNSITZ. Der Stapel KINDER bekam für jedes Kind einen eigenen Ordner, der jeweils in SCHULE, GESUNDHEIT und STAATSBÜRGERSCHAFT unterteilt war. Ich sah ID-Fotos von José als jungem Mann mit vollem schwarzen Haar und dunklem Teint inklusive Blitzlichtreflexen. Ich sah Fotos seiner Söhne, runde Kindergesichter, ich sah Finger- und Fußabdrücke der Neugeborenen auf den Krankenhauspapieren, die ihre Geburt dokumentierten. Immer wieder begegneten mir Josés und Lupes Unterschriften in Druckbuchstaben, auf allen möglichen Formularen, Jahr um Jahr.

Schließlich waren wir fertig. Lupe und ich verabschiedeten uns gerade auf dem Hof, als eine Frau namens Ana, die in der mexikanischen Bäckerei arbeitete, herauskam und Lupe begrüßte. Sie erkundigte sich nach José, nach den Jungs, nach den Dokumenten in meiner Hand. Die sind für Josés Verhandlung, sagte Lupe, er bringt sie zu seiner Anwältin. Das ist nett, dass Sie der Familie helfen, sagte sie und dann, an Lupe gewandt: Man möchte gar nicht glauben, dass er ein Grenzer war, stimmt's? Ach, wirklich?, sagte Lupe erstaunt. Hat José Ihnen nicht davon erzählt?, fragte ich. Nein, sagte sie. Tja, sagte Ana, er hat erlebt, wie mit uns an der Grenze umgesprungen wird, und jetzt hilft er dir. In dem Moment fragte ich mich, ob es mir wirklich nur darum ging, ob ich Buße tun wollte für all die Menschen, die ich zurückgeschickt hatte, ob es der Versuch einer Wiedergutmachung war. Wenn ich Erlösung suchte, dachte ich, wie könnte Erlösung aussehen?

Lupe öffnete sofort. Guten Morgen, sagte ich. Diesmal ist es nicht so früh, sagte sie lächelnd. Sie verschwand im Haus und rief nach Diego. Mit Papieren in der Hand tauchte sie wieder auf. *Disculpa,* sagte sie, würde es Ihnen etwas ausmachen, wenn José jr. mitkommt? Das letzte Mal war er ganz traurig, dass er nicht mit dabei war. Klar, sagte ich, kein Problem. Sind das seine Papiere? Ja, sagte sie und reichte sie mir. Diego stand neben ihr in der Tür. Du bist fast so groß wie deine Mama, sagte ich. Er stellte sich kerzengerade hin und grinste. Nein, ich bin größer, sagte er. Seine Mutter stieß ihn an. Ich bin fast so groß wie mein Dad, sagte er stolz.

Während der Fahrt zum Gefängnis starrte Diego auf sein Smartphone, José jr. spielte hinten auf dem Rücksitz ein Fußballmatch auf einem iPod touch. Bei jedem Tor stieß er die Faust in die Luft und gab das Gerät seinem Bruder, der sich die Szene auf Replay ansehen musste. Diego, der sich bald langweilte, drehte sich zu seinem Bruder um und sagte, lass mich spielen. Aber du hast doch dein Handy, beschwerte der sich. Ja, aber es ist kein Fußballspiel drauf.

José jr. gab ihm seinen iPod und sah sich im Innern des Fahrzeugs um. Hoffentlich sind wir wieder zurück, bevor die Schule aus ist, sagte er. Wieso?, sagte ich. Die meisten Kinder finden es doch super, wenn sie schulfrei haben. Ich nicht, sagte er, ich gehe gern zur Schule. Unsere Lehrerin hat gesagt, dass heute am Ende des Unterrichts Süßigkeiten verteilt werden. Wir haben sogar abgestimmt, was für Cupcakes wir haben wollen. Diego stieß die Faust in die Luft und rief Tooor! Schau, sagte er zu seinem Bruder, am Samstag werde ich genau so ein Tor schießen.

Ein paar Minuten später beugte José jr. sich vor und tippte Diego auf die Schulter. Schau mal, sagte er, es schwebt in der Luft. Diego legte sein iPod beiseite. Wovon redest du? Das Dings da neben der Straße, sagte José jr., es sieht aus, als schwebt es. Diego schaute zum Fenster hinaus. Ich versteh nicht, was du meinst. Das Geländer, sagte José jr. Ich lenkte den Blick auf die Leitplanke. Weil die Pfosten, die sie trugen, bei hohem Tempo ineinander verschwammen, entstand tatsächlich die Illusion, als schwebe ein Stahlband über dem Boden. Du meinst die Leitplanke?, fragte ich. José jr. lächelte. Ja, sagte er. Sie schwebt.

Als wir vor dem Gefängnis ankamen, bat ich die Jungs, alles im Wagen zu lassen, Handys, iPods, Portemonnaies, selbst Gürtel. Wir folgten einer anderen Besucherin zu einem Tor in dem hohen Doppelzaun, der oben mit Natodraht abschloss. Nachdem fünf Besucher sich vor dem Tor eingefunden hatten, ging es wie von Geisterhand langsam auf, wir betraten den Schleusenbereich und warteten, dass das Tor hinter uns sich wieder schloss. Über mir hörte ich das Gurren einer Trauertaube, die irgendwo auf dem Dach des Gefängnisses saß. Ein leichter Wind fuhr durch die Zweige eines kahlen, verwachsenen Kaktus neben dem Gehweg. José jr. stieß seinen Bruder an. Es klingt, als würde unsere Mama zu uns sprechen. Ich sah, wie der Wind den Drahtzaun bewegte. Meinst du den Wind oder die Vögel?, fragte ich. Beides, sagte er nach einer Weile.

Ich hab das Gefühl, als wäre ich schon mal hier gewesen, sagte er. Wirklich?, fragte ich. Ja, vielleicht in einem Traum. Er ging zu dem Kaktus am Ende des Weges, und da bemerkte ich zum ersten Mal, dass er leicht hinkte. Er stand vor dem Zaun und schaute hinauf, sein viel zu weites T-Shirt, das er von einem seiner Brüder geerbt hatte, flatterte im Wind.

Mit einem metallischen Krachen fiel das Tor hinter uns zu, und ein Wachmann öffnete die Eingangstür. Ich beobachtete die beiden Frauen, die vor uns eingelassen wurden, und nahm dann, wie sie, eines der ausliegenden Formulare, auf dem ich Josés Namen, Häftlingsnummer und Zellenblock eintrug. Als wir an der Reihe waren, reichte ich dem Wachmann das Formular. Er gab alles in seinen Computer ein und kaute dabei auf seinem buschigen weißen Schnurrbart. Martínez-Cruz?, fragte er. Ja, sagte ich. Welches Verwandtschaftsverhältnis? Ich bin ein Freund, und das sind seine Jungs. Sind Sie der Vormund? Für heute, ja. Ich übergab ihm ein notariell beglaubigtes Schreiben von Lupe. Haben Sie die Papiere der Jungs dabei? Ja, sagte ich und gab ihm die Geburtsurkunden der beiden. Der Mann tippte wieder in seinen Computer und wies uns dann an, unsere Taschen zu leeren und durch die Sicherheitsschleuse in den Warteraum zu gehen.

Die Jungen saßen nebeneinander in Hartschalensitzen, beide zappelig. Die beiden Frauen, die vor uns gekommen waren, saßen einander gegenüber. Schöne Schuhe, sagte die eine zu der anderen. Sind das Vans? Nee, Coach. Oh. Die Frau schaute auf ihre eigenen Schuhe. Die hab ich gerade bei Dollar General gekauft. Sind doch klasse, sagte die andere. Nach einer Weile fragte die Frau mit den Coach-Schuhen die andere, ob sie schon mal in diesem Gefängnis gewesen sei. Nur einmal, antwortete sie, an einem Sonntag. War viel los. Wochentags ist es viel besser. José jr. stützte das Gesicht auf die Hände.

Um die Zeit totzuschlagen, ging ich im Warteraum auf und ab und studierte die Werbeplakate der US-Gefängnisbehörde CCA. »Unbedingte Suizidprävention«, stand da. »Hilf mit, sei wachsam.« Auf einem anderen hieß es: »Mitarbeiter gesucht – Deine große Chance.« Auf einem dritten sah man einen lachenden Schwarzen: »Zum Leben gehört auch ein bisschen Spaß. Ich bin Terry Williams jr., Beamter im höheren Vollzugsdienst in Tennessee. Ich bin Teil der CCA.« Daneben eine strahlende ältere Weiße: »Mein Name ist Mary Bowermaster. Ich bin Supervisor in Florida. Ich finde, man soll immer dazulernen. Ich bin Teil der CCA.« Und auf einem vierten Plakat: »Ich zeige den Leuten, wie man ein besseres Leben führt. Ich bin Jason Russel, Krankenpfleger und Schreiner in Mississippi. Ich bin Teil der CCA.« Ich stand vor den Gesichtern und dachte über die Gemeinsamkeiten zwischen mir und ihnen nach – das Abzeichen, die Waffe, die Gewalt, die allmähliche Verrohung. Irgendwo klapperten Schlüssel, ich hörte die Rufe der Wärter.

Wir erhielten Papiere und wurden aufgefordert, zu unseren Fahrzeugen zurückzukehren und zu einem anderen Eingang zu fahren. Wieso das jetzt?, sagte ich zu einem Wachmann, ich dachte, dies hier ist die Besuchsabteilung. Hier ist die Einlasskontrolle, sagte er, die Besuchsräume sind auf der anderen Seite. Ich fuhr der Frau mit den Coach-Schuhen hinterher, damit ich den richtigen Eingang erwischte. Wieder scheuchte ich die Jungs aus dem Wagen, und gemeinsam mit den beiden Frauen warteten wir vor einem anderen Eingang. Ich weiß wirklich nicht, warum ich das Gefühl habe, als wär ich schon mal hier gewesen, sagte José jr. Ich komm damit nicht klar, murmelte er. Wie meinst du das?, fragte ich. Ich weiß nicht, ob ich es schaffe, mit meinem Dad zu sprechen. Warum denn nicht? Weil er im Gefängnis ist.

Schließlich wurden wir von demselben schnauzbärtigen Wachmann eingelassen, der unsere Dokumente schon einmal überprüft hatte. Er nahm die ausgefüllten Papiere und wies uns abermals an, durch die Sicherheitsschleuse zu gehen. Wir wurden einen Korridor entlanggeführt und mussten eine ganze Weile warten, während der Wachmann sich mit einem Kollegen unterhielt. Wir sehen uns morgen in Block D, sagte er. Nee, morgen hab ich frei. Ich geh mit meiner Frau und den Kindern zum Baseball. Na super!, spottete der andere.

Er führte uns zu einer Tür, und bevor er uns eintreten ließ, erteilte er uns Instruktionen. Sie haben fünfundvierzig Minuten, zehn Minuten vor Ende der Besuchszeit gebe ich Ihnen ein Zeichen. Sie werden die Telefone benutzen, die an der Wand neben der Glasscheibe hängen, jeder Häftling hat einen Rufcode. Sie müssen warten, bis das Klingelzeichen ertönt, andernfalls gibt es keine Verbindung. Hinten rechts an der Wand stehen Plastikstühle, nehmen Sie sich einen Stuhl beim Betreten des Raums und stellen Sie ihn wieder zurück, wenn Sie hinausgehen. Mir fiel auf, dass der Wachmann während seines Vortrags nur die Frauen und mich ansah, die Kinder würdigte er keines Blickes.

Dann öffnete er die Tür. Die beiden Frauen betraten als Erste den hell erleuchteten, dunkelbraun gestrichenen Besuchsraum und gingen direkt zu den gestapelten Plastikstühlen. Der Wachmann schloss die Tür hinter uns und setzte sich in der Ecke an einen Computer. Die Jungs standen bewegungslos neben dem Eingang und sahen zu ihrem Vater, der ihnen hinter dem Sicherheitsglas zuwinkte. Geht schon, ermunterte ich sie, ich bringe die Stühle.

José jr. hatte bereits den Telefonhörer in der Hand und sprach mit seinem Vater. Josés Kopf und Gesicht waren rasiert, er sah kräftig aus, als hätte er die Pfunde, die er in der Wüste verloren hatte, wieder zugelegt. José jr. blieb dicht vor der Trennscheibe stehen, obwohl ich ihm einen Stuhl hingestellt hatte, und erzählte aufgeregt von der Schule, von seinen Freunden. Er vermisse ihn, sagte er zu seinem Vater, ohne ihn sei es traurig zu Hause.

Der Wachmann stand auf und schob etwas in eine Mikrowelle neben seinem Schreibtisch, stellte Zeit und Temperatur ein und wartete. Die beiden Frauen links und rechts neben mir sprachen mit Männern in orangefarbenen Overalls und hielten dabei das Gesicht dicht an die Scheibe. Das ist wahre Liebe, sagte eine in den Telefonhörer. Bei uns ist alles wie immer, sagte die andere.

Ich beobachtete, wie José seinem Sohn zulächelte. Ich beobachtete seine Mundbewegungen, sah, wie er lachte, es war wie in einem Stummfilm. Obwohl zum Greifen nah, war er nicht zu hören, selbst wenn er geweint, selbst wenn er gebrüllt hätte.

Nach etwa zehn Minuten übergab José jr. den Telefonhörer an Diego, der nun vom Fußballspielen im Park erzählte. José schaute ernster, als Diego von seinen Schulnoten berichtete, von den gesundheitlichen Problemen seines jüngsten Bruders und davon, dass er im Haus half. Hin und wieder schaute José zu Boden und rieb sich die Augen. Mama arbeitet viel, sagte

Diego, manchmal ärgert sie sich über uns, aber es geht ihr gut, sie ist einfach müde.

Diego legte den Telefonhörer auf die Konsole unter der Glasscheibe. Mein Dad möchte mit Ihnen sprechen, sagte er. Ich rückte meinen Stuhl näher heran und griff zum Hörer. Paco!, sagte José und lächelte. José, mein Lieber, sagte ich, wie schön, dich zu sehen, deine Stimme zu hören.

Nachdem Lupe die Kinder zur Schule gebracht hatte, schaute sie im Coffeeshop vorbei, um einen Stapel Briefe mit Beurteilungen von Freunden, Nachbarn und ehemaligen Arbeitgebern abzugeben, die ich zur Anwaltskanzlei bringen wollte. Lupe lächelte schüchtern, fast ein wenig nervös, als hätte sie noch immer Mühe zu verstehen, dass ich einmal beim Grenzschutz gewesen war, als wollte sie einen alten dunklen Schatten in mir entdecken. Es ist so nett, dass Sie uns helfen, sagte sie. Ist doch selbstverständlich, sagte ich, José ist ein Freund. Ich muss wieder los, sagte Lupe, ich fange in dem Restaurant an, wo José früher gearbeitet hat. *Qué bien,* sagte ich, *estamos en contacto.* Sie winkte mir zum Abschied und ging zu ihrem Auto.

Nach Schichtende fuhr ich zur Kanzlei, öffnete noch auf dem Parkplatz den Umschlag mit den Zeugnissen und ging sie rasch durch. Einige waren getippt, die meisten mit der Hand geschrieben, oft auf Spanisch. Alle begannen mit einer unpersönlichen Anrede. José wurde als Bruder in Christus beschrieben, als guter Familienmensch und Vater, als verantwortungsbewusster Ehemann, als zuverlässig, arbeitsam, freundlich, hilfsbereit, liebenswürdig.

Ein Brief ging so: An die zuständigen Behörden. Mein

Name ist Brenda Collar. Ich lebe seit mehr als fünfundzwanzig Jahren in den Vereinigten Staaten von Amerika und bin inzwischen stolze US-Bürgerin. Ich kenne meinen Freund und Bruder José seit gut drei Jahren. Wir sind Mitglieder derselben Kirchengemeinde und dienen dort als Platzanweiser. Es ist immer eine Freude, mit José Martínez zusammen zu sein. Er ist ein fürsorglicher und liebevoller Vater, seine drei Söhne sind der lebende Beweis. José Martínez ist fleißig und tüchtig, nie hat er eine Arbeit liegen lassen. Es wäre ein Fehler, einen so fleißigen Arbeiter, pflichtbewussten Vater und wunderbaren Freund wegzuschicken. Bei weiteren Fragen können Sie mich jederzeit kontaktieren.

Ein anderes Gemeindemitglied schrieb: José ist ein guter Vater, ein guter Ehemann und ein guter Mitarbeiter. Er ist ein gutes Beispiel eines guten Bürgers. Er hilft lieber, als dass er Hilfe für sich selbst sucht.

Viele Zeugnisgeber hatten ihr Schreiben in einer Sprache abgefasst, die sich an Formulierungen in offiziellen Dokumenten orientierte: Ich, Leticia Martínez, erkläre hiermit, dass die nachfolgende Erklärung nach bestem Wissen und Gewissen wahr und korrekt ist. Mein Name ist Leticia Martínez, ich bin Josés Nichte, er lebt seit vielen Jahren in den USA, er ist ein sehr sympathischer Mensch, er trinkt nicht und raucht nicht und nimmt keine Drogen. Er ist sehr pflichtbewusst und arbeitsam. Er sollte unbedingt eine Chance haben, bei seinen Kindern zu bleiben. Vielen Dank, dass Sie sich die Zeit genommen haben, meine Zeilen zu lesen.

Ein anderer schrieb: In der Angelegenheit des weiteren Verbleibs von José Martínez in den Vereinigten Staaten von Amerika. Ich, Pablo G. Martínez, bin der Ansicht, dass José M.

der Aufenthalt in den Vereinigten Staaten von Amerika erlaubt werden sollte, und zwar aus folgenden Gründen: Er ist fleißig und arbeitsam, er hat zwei Jobs. Er ist Haushaltsvorstand, ohne ihn würde seine Familie große finanzielle und emotionale Probleme haben. Er hat drei kleine Söhne, die ihren Vater brauchen. Er ist einer der zuverlässigsten Menschen, die ich kenne. Man sollte ihm definitiv die Möglichkeit geben, in diesem wunderbaren Land zu leben.

Lupe hatte auf Spanisch auf liniertem Papier geschrieben, das aus dem Schulheft eines ihrer Kinder stammte: Ich, Lupe Balderas, erkläre, dass ich seit 1999 mit José Martínez-Cruz verheiratet bin. Wir haben drei Kinder – fünfzehn, zehn und acht Jahre. Wir waren immer eine vorbildliche Familie, wir haben Ausflüge gemacht, wenn mein Mann freihatte. Er hat als Einziger gearbeitet. Er hatte zwei Jobs, und in seiner Freizeit war er ganz für uns da. Mein Mann ist ein vorbildlicher Vater und liebevoller Ehegatte. Er trinkt nicht, er raucht nicht, er nimmt keine Drogen. Unser Glück ist sein einziges Ziel. Jetzt fehlt er uns sehr, weil ich nicht mit den Jungen in den Park gehen kann und weil ich in der letzten Zeit gesundheitliche Probleme habe. Mein Mann ist jeden Mittwoch mit den Jungen zum Fußballspielen gegangen, an den Wochenenden sind wir essen gegangen, und nun fehlt er uns. Mein Mann hat seinen Söhnen und mir sechzehn Jahre Glück und Liebe geschenkt, aber wir werden nicht nach Mexiko zurückkehren, weil meine Jungen dort niemand kennen, sie sprechen kaum Spanisch, und es ist sehr schwer, sich in einem anderen Land zurechtzufinden, nachdem sie ihr ganzes Leben hier zugebracht haben. Hier sind sie geboren und aufgewachsen. Als Eltern wollen wir nur das Beste für unsere Söhne Diego, José jr. und Vicente. Mein Mann fehlt uns sehr, weil er zu Hause für alles gesorgt hat. Ich bin seine Frau, ich liebe ihn, ich vermisse ihn. Diego, José jr. und Vicente vermissen ihn. Wir lieben dich innig und hoffen zu Gott, dass wir bald wieder vereint sein werden, denn Gott sieht es nicht gern, wenn seine Kinder auseinandergerissen werden.

Vicente Martínez, Josés Jüngster, hatte mit Bleistift ein paar Zeilen auf liniertem Papier gekritzelt, ungelenk, mit vielen Fehlern und seitenverkehrten Buchstaben, ohne Abstand zwischen den einzelnen Wörtern, ganz oben stand sein Name. Hi Daddy ich liebe dich weil du im park fußball mit uns spielst weil du uns mitnimmst wenn du einkaufen gehst und wenn du zur arbeit gehst und geld verdienst damit wir zu essen haben. Du fehlst mir so. Die letzten beiden Zeilen waren ein unverständlicher Buchstabensalat, der manchmal spanische Wörter ergab, *Dios* etwa und auch *iglesia*. Und ganz zum Schluss, deutlich zu lesen, *te extraño mucho Vicente*.

Der Brief von José jr. bestand aus zwei halben Seiten. Auf der einen hatte er einen Brief ganz in der Art seines jüngeren Bruders geschrieben. Am unteren Rand klebte ein kleines zerknittertes Foto von ihm. Auf dem zweiten Blatt war eine Zeichnung seiner Familie auf dem Fußballplatz zu sehen, traurige Strichmännchen, die als MAMA, BRUDER und GROSSER BRUDER ausgewiesen waren. Darunter eine fast identische Szene, aber diesmal lächelten die Strichmännchen, und es war noch eine weitere Figur dabei, der PAPA.

Diegos Brief war mit zweieinhalb Seiten der längste von allen. Der erste Absatz war bemüht förmlich gehalten, da Diego offenbar annahm, dass sein Vater den Brief nicht zu Gesicht bekommen würde. Sehr geehrte Damen und Herren, ich bin Diego Martínez ich bin der Sohn von José Martínez, ich bin sein ältester Sohn, fünfzehn Jahre alt. Ich habe zwei jüngere Brüder. Einer ist zehn, der andere acht. Ich verdiene schon Geld, damit ich meinen Brüdern hin und wieder einen Wunsch erfüllen kann. Mein Dad ist der netteste Mensch den ich kenne, mein Dad ist ein Freund und Vater. Ich achte ihn sehr, er ist ein Vater wie ihn sich jedes Kind wünscht. Meine Mama und meine ganze Familie waren sehr traurig als wir ihn im Gericht sahen, das erste Mal haben alle geweint. Und beim zweiten Mal als sein Arbeitskollege mich und meine Brüder mitnahm. Als ich seine Stimme hörte musste ich weinen. Ich vermisse meinen Dad er hat uns immer aufgemuntert wenn wir traurig waren. Montags und mittwochs ist er mit uns in den Park gegangen wir haben Fußball gespielt mit unserem Freund von der Kirche er hat sich mit allen in der Kirche gut verstanden mein Dad ist wirklich cool, total nett, sehr gläubig, er sorgt für meine Mama, er bringt uns zum Lachen, er ist sehr schlau und sehr lustig. Mein Dad ist immer fröhlich, er hilft allen Leuten die in Not sind. Ich bin traurig dass mein Dad jetzt im Gefängnis ist und nicht bei uns sein kann. Alle fragen nach ihm und dann sage ich dass er im Gefängnis ist das ist sehr traurig. Alle meine Freunde haben sich gut mit ihm verstanden weil er mit uns überall hingefahren ist, in die Berge, in die Stadt, überall. Mein Leben ist jetzt ganz leer wo mein Dad nicht da ist. Wir warten alle auf ihn. Mein Dad ist sehr pflichtbewusst. Als ich klein war, war er immer für mich da. Ich bete zu Gott dass mein Dad okay ist. Ich vermisse meinen Dad ich weiß nicht wie ich es ausdrücken soll. Dad du fehlst mir so. Du hast immer gesagt wir sollen nach vorn schauen nie zurück. Danke dass du immer für uns da warst. Wir alle wollen dass du freikommst. Alle in der Kirche und auf der Arbeit vermissen dich. Keiner will dass du nach Mexiko zurückgeschickt wirst. Alle beten dass sie dich freilassen. Dad am 26. dieses Monats ist ein Fußballturnier. Ich werde Tore für dich schießen, die Tore werden ein Geschenk für dich sein. Du hast mir Fußball beigebracht und hast gesagt dass ich nie aufgeben soll Dad ich werde den Pokal für uns gewinnen. Ich trainiere weil ich jeden Tag besser werden will. Vielen Dank dass Sie diesen Brief gelesen haben leider ist er ein bisschen lang aber ich liebe meinen Dad wir alle lieben ihn und sind furchtbar traurig dass er im Gefängnis ist. Hochachtungsvoll sein ältester Sohn Diego Martínez.

Ich hatte meine Schicht beendet und war gerade auf der Heimfahrt, als auf meinem Handy eine SMS einging: Hi, will nur Bescheid sagen mein Dad wird heute Abend abgeschoben Diego.

Ein paar Stunden später kam eine E-Mail von seiner Anwältin: Eben wurde mir mitgeteilt, dass die Einwanderungsbehörde unseren Antrag auf Duldung abgelehnt hat. Sehr unerfreulich. Josés Antrag hatte mehr Unterstützer, als ich das in irgendeinem anderen Fall erlebt habe. Gründe für die Ablehnung wurden nicht genannt. José soll noch heute Abend nach Mexiko abgeschoben werden.

Ich starrte auf mein Handy, dachte an Lupe und die Jungs und fragte mich, wo José die Nacht verbringen würde.

Am Abend kam eine SMS von Lupe: Können Sie bitte die Anwältin anrufen José muss den Kleinen sehen er ist gestürzt und muss operiert werden. Ich rief umgehend zurück. Vicentito ist im Krankenhaus, sagte Lupe, er hat sich beim Fußballspielen den Arm gebrochen. Sie wollen den Arm zusammenschrauben. Ich erklärte, dass ich ihr in jeder erdenklichen Weise helfen würde, aber warum wolle sie, dass ich die Anwältin anrufe? Oh, sagte sie, damit José den Kleinen noch einmal sehen kann, bevor sie ihn zurückschicken. Sie klang verzweifelt, in ihrer Stimme war eine Unruhe, die ich an ihr nicht kannte. Wir haben leider keine Möglichkeit, José zu erreichen, sagte ich. Die Grenzpolizei ist schon dabei, ihn zur Grenze zurückzubringen. Die Anwältin hat keinen Kontakt zu ihm. Oh, sagte sie. José wird sich bestimmt melden, sobald er drüben angekommen ist, sagte ich, um sie ein wenig zu trösten. Lupe schwieg. Okay, sagte sie schließlich. Ich verstehe.

Am späten Abend rief ich meine Mutter an. Wie geht's dir, fragte sie. Gut, sagte ich automatisch. Du klingst nicht so, sagte sie. Wie meinst du das?, fragte ich. Meine Mutter seufzte. Ich bin deine Mutter, ich spüre das. Du klingst so distanziert. Wie früher, als du noch an der Grenze warst. Mir war klar, dass dich vieles belastet hat, aber ich konnte nicht nachfragen, du hast so empfindlich auf meine Fragen reagiert. Ich konnte dir nicht zeigen, wie besorgt ich war. Ich bin einfach nicht an dich rangekommen. Ich will das nicht mehr, ich habe keine Kraft mehr dafür.

Wann ist dir das denn aufgefallen?, fragte ich. Unsere Gespräche hatten sich verändert, sagte sie nach einer Weile, bestimmte Dinge wurden ausgespart. Ich weiß nicht, wie ich es ausdrücken soll. Mir fällt dazu eine Geschichte aus meiner Schulzeit ein. Auf unserer Schule war ein musikalisches Wunderkind, ein unglaublich begabter Junge, der alles spielen konnte – er hörte die Vögel singen und machte Musik daraus. Schon bald wurde er in ein Kloster geschickt, er sollte bei den Mönchen lernen. Die haben ihm verboten, Musik berühmter

Komponisten zu hören. Er sollte seine eigene Musik schreiben, was er auch jahrelang tat – er komponierte die erstaunlichsten Stücke. Aber auf Dauer befriedigte ihn das nicht, er wollte lernen, wollte andere Musik hören. Eines Tages schlich er sich aus dem Kloster und fuhr in eine nahe gelegene Stadt, wo ein Mozart-Konzert stattfand. Nach seiner Rückkehr erzählte er niemandem davon, er komponierte weiterhin seine eigene Musik. Ein paar Tage später hörten die Mönche ihn spielen. Sie befahlen ihm, aufzuhören. Du hast gegen die Vorschriften verstoßen, sagten sie. Nein, sagte er erschrocken, ich habe nicht gegen die Vorschriften verstoßen, nein, nein, nein. Die Mönche sagten, doch, du hast Mozart entdeckt. Wie kommen Sie denn darauf?, entgegnete er. Wenn du früher einfach so vor dich hingespielt hast, sagten die Mönche, hast du Sachen von allen Komponisten gespielt – und jetzt kommt Mozart überhaupt nicht mehr vor.

Meine Mutter schwieg. Sie haben meinen Freund nun doch abgeschoben, sagte ich. Mir war, als schnürte es mir die Kehle zu. Ich habe Angst um ihn, sagte ich, ich mache mir Sorgen um seine Familie. In all diesen Jahren war mir, als hätte ich mich im Schatten eines Riesen bewegt, den Blick immer auf seine Füße gerichtet. Aber jetzt habe ich das Gefühl, ich schaue in die Höhe und sehe, was er alles kaputt macht.

Lupe rief an. Sie berichtete, dass José in Sicherheit sei. Er ist an der Grenze bei einem Mann unserer Kirche untergekommen, sagte sie. Er hat ein Dach über dem Kopf, und er hat zu essen. *Gracias a Dios*, sagte sie immer wieder, *bendito sea Dios*. José habe noch nicht entschieden, was er als Nächstes tun werde, nur dass er jemanden suche, der ihn wieder über die Grenze bringe. Ich wollte Lupe sagen, dass er sein Leben nicht aufs Spiel setzen, dass er einen anderen Weg finden solle, aber ich wusste, dass es für ihn keine andere Option gab. Also behielt ich meine Bedenken für mich.

Auf meine Frage, wie es den Jungen gehe, berichtete Lupe, dass ein Onkel mit legalem Aufenthaltsstatus angeboten habe, mit ihnen über die Grenze zu fahren, damit sie ihn besuchen können. Es wäre gut, wenn sie ihn außerhalb des Gefängnisses sähen, wenn sie ihn umarmen könnten. Am liebsten würde sie selbst mit den Jungen hinfahren und ihren Mann mit eigenen Augen sehen.

Eine Woche später meldete ich mich wieder bei Lupe. Haben die Jungs ihren Vater getroffen? Ja, bis auf Vicente. Ihm wurde gerade ein Gipsverband angelegt, er ist ein bisschen traurig, dass er seinen Vater seit der Gerichtsverhandlung nicht mehr gesehen hat. José sei noch immer an der Grenze, er wolle bald herüberkommen, vielleicht schon am Wochenende, sie solle sich keine Sorgen machen, es sei alles in Ordnung.

Wenige Tage später schickte Lupe eine SMS: José wollte am Sonntag aufbrechen, durch die Wüste, aber jetzt mach ich mir Sorgen, weil ich seit drei Tagen nichts mehr von ihm gehört habe. Und noch ein paar Tage später: *Buenos dias*, José ist wieder an der Grenze, *la migra* war hinter ihm her, aber seine Gruppe hat sich verteilt, sie haben ihn nicht erwischt, *gracias a Dios*. Er hat Fieber, alles tut ihm weh. Er braucht Ruhe.

Ich träume, ich bin an meinem Arbeitsplatz im Coffeeshop, Diane sitzt am Tresen und trinkt einen Latte. Schau mal, sagt Diane und zeigt durch die offene Tür auf den Hof. Dort ist José. Ich sehe einen hageren, graubärtigen Mann langsam und ziellos auf dem Gehweg entlangwandern. Ich trete hinter dem Tresen hervor und gehe auf den Mann zu. Er trägt eine schwarze Baseballmütze, ein graues Hemd schlackert an seinen dünnen Schultern. José, sage ich, du bist wieder da. Seine Augen sind eingefallen, sein Gesicht dunkel und alt. Ich war in der Wüste, sagt er. Ich könnte dir einiges erzählen.

Vor der Kasse des Supermarkts stieß ich auf Diane und ihre Kinder. Hör mal, sagte sie, während sie ihrer fünfjährigen Tochter mühsam eine Tafel Schokolade entrang, wir wollen Josés Familie etwas zu Weihnachten schenken. Die Kinder haben bei einem Kuchenbasar Geld gesammelt, das für Lupe und die Jungs bestimmt ist. Das ist ja nett, sagte ich. Hast du eine Vorstellung, worüber sich die Jungs freuen würden? Ich weiß, dass sie gern Fußball spielen, sagte ich. Ich könnte ihnen einen Gutschein für das Sportgeschäft schenken, sagte Diane. Und für Lupe vielleicht einen Gutschein für Target. Sie könnte sich dort einen Wunsch erfüllen, vielleicht braucht sie etwas fürs Haus, Schulsachen, Kleidung für die Jungs. Das wäre schön, sagte ich, darüber würden sie sich bestimmt freuen. Diane konnte gerade noch verhindern, dass ihr Jüngster, der im Einkaufswagen saß, sich am Inhalt einer Tube Lippenbalsam gütlich tat. Sie seufzte. Wenn ich dir die Gutscheine demnächst gebe, könntest du sie für mich bei Lupe vorbeibringen? Ich spreche kein Spanisch, wir würden einander nicht verstehen. Ja klar, sagte ich.

Lupe wich zurück, als ich ihr den Umschlag hinhielt. Das kann ich unmöglich annehmen, sagte sie. Ich erzählte, dass Dianes Kinder das Geld gesammelt hätten, sie wollten ihr zu Weihnachten eine kleine Freude machen. Es ist ein Geschenk. Lupe nahm den Umschlag und schaute zu Boden. Ich weiß nicht, wie ich ihnen danken soll. Sagen Sie den Kindern bitte, dass ich mich sehr darüber freue.

Bevor ich wieder ging, erkundigte ich mich nach José. Oh, sagte sie, im Moment ist es ein bisschen schwierig. José hat vor einer Woche einen neuen Versuch unternommen und ist von der Grenzpolizei erwischt worden. Sie haben ihn nicht vor Gericht gestellt und nicht ins Gefängnis gesteckt, sondern sofort wieder abgeschoben, und zwar über Mexicali. Ja, das machen sie manchmal, sagte ich, um zu verhindern, dass die Leute es an derselben Stelle gleich noch einmal probieren. Na ja, sagte sie, er will schon noch rüber, aber es gibt Probleme mit den Schleppern. Er hat Angst vor ihnen. Und ich habe auch Angst.

Ich fragte sie, was passiert sei. Nachdem José die Grenze überquert hatte, erzählte sie, habe ich ein paar Tage nichts von ihm gehört. Eines Morgens rief jemand an, er sagte, sie bräuchten Geld, um José in die Stadt zu bringen. José sei an einem sicheren Ort, aber für die letzte Etappe wollten sie tausend Dollar haben. Ich wollte mit José sprechen, um zu hören, ob das stimmte, aber der Mann sagte, er sei nicht da. Er sagte, José gehe es gut, ich solle ihm vertrauen, sie bräuchten einfach noch tausend Dollar für den Rest der Strecke. Ich habe dem Mann gesagt, er soll mich wieder anrufen, wenn José da ist, damit ich mit ihm sprechen kann. Dann würde er das Geld bekommen. Und dann habe ich aufgelegt.

Ich wusste überhaupt nicht, wohin mit mir. Ich habe die Jungs zur Schule gebracht, habe ihnen aber nichts von dem Anruf erzählt. Dann bin ich wieder nach Hause gefahren und habe einfach dagesessen und überlegt, was ich machen soll.

Und irgendwann bin ich zur Bank gegangen und habe das Geld abgehoben. Die ganze Zeit hab ich gezittert.

Kurz vor Sonnenuntergang standen dann zwei Männer vor der Tür. Sie sagten, ich müsse ihnen sofort das Geld geben, wenn ich will, dass José wohlbehalten nach Hause kommt. Die Jungen waren inzwischen von der Schule zurückgekehrt, sie waren auch ganz ratlos. Ich hatte Angst. Lupe zitterte. Gern hätte ich ihr die Hand auf den Arm gelegt.

Jedenfalls, fuhr Lupe fort, nahmen die Männer das Geld und verschwanden. Sie sagten, ich soll mir keine Sorgen machen, am nächsten Morgen würden sie José abliefern. Ich habe die ganze Nacht schlaflos dagelegen. Ich wusste nicht, was ich tun sollte. Als die Männer am Nachmittag immer noch nicht erschienen waren, rief ich die Nummer an, die sie mir gegeben hatten. Diesmal war jemand anderes am Telefon. Der Mann sagte, er habe keine Ahnung, wovon ich rede, ich solle mich beruhigen und einfach warten, und wenn mir mein Leben lieb sei, sollte ich nicht mehr anrufen, und dann legte er auf. Ich war total verzweifelt, fix und fertig.

Am späten Abend hat José schließlich angerufen. Er war in Mexicali, er war gerade abgeschoben worden. Er wusste nicht, wovon ich redete – er war nie in einem Versteck gewesen, er hatte nichts mit diesen Männern zu tun gehabt. Er war so wütend, dass er den Mann anrief, der ihn über die Grenze bringen wollte. Was hast du mit dem Geld vor, das du meiner Frau abgenommen hast, fragte er. Wirst du mich dafür zurück zu meiner Familie bringen? Der Mann behauptete, dass er nicht wisse, wovon er redet, José solle es sich genau überlegen, bevor er solche Anschuldigungen erhebe, und dann sagte er, er solle sich nie wieder bei ihm melden, sonst würden sie ihn umbringen.

José glaubt, es war nur eine Drohung, nur so dahergeredet. Er ist jetzt wieder an der Grenze und wartet, aber er ist woanders untergekommen, in einem anderen Stadtteil. Dort ist er in Sicherheit, aber vorsichtshalber geht er kaum aus dem Haus, er will nicht auf der Straße gesehen werden.

Ich fragte Lupe, ob José einen erneuten Versuch plane. Ich glaube schon, sagte sie. Aber nachts ist es jetzt kalt, und er braucht jemanden, der ihn rüberbringt. Sie rieb sich die Arme. Er wird wohl noch eine Weile warten, bis der richtige Moment gekommen ist, bis er jemanden gefunden hat, dem er vertrauen kann. Ich schaute beiseite. Ich wollte Lupe sagen, dass ich wünschte, ich hätte den Mut, ihn selbst über die Grenze zu schmuggeln, durch die Wüste zu bringen, vorbei an Sensoren und Wachtürmen, vorbei an den Grenzpolizisten, die auf entlegenen Pfaden und Pisten patrouillieren, vorbei an den Straßensperren. Er würde neben mir sitzen und mir von seiner geliebten Mutter erzählen, von den grünen Hügeln von Oaxaca, von den Straßen und Bogengängen seines Dorfs. Wir würden zusammen durch die Nacht fahren, vorbei an dunklen Feldern und Gefängnissen, bis zur lichterfunkelnden Stadt, die sich über das weite Tal erstreckt. Wir würden durch menschenleere Straßen fahren, über einsame Kreuzungen, vorbei am Gerichtsgebäude und am Mercado und schließlich den Trailer Park erreichen, vor seinem Haus ankommen, in dem Lupe mit den drei Kindern schlafen würde, ohne Angst vor dem nächsten Morgen.

An Heiligabend besuchte ich meine Mutter. Abends saßen wir um ein Plastikbäumchen, jeder öffnete sein Geschenk, wie jedes Jahr tranken wir Eggnog mit Brandy und plauderten. Irgendwann erkundigte sich meine Mutter nach José. Du wirkst noch immer so abwesend, sagte sie. Ich weiß nicht, was ich machen soll, gestand ich. In mir ist ein Schmerz, aber es ist nicht mein Schmerz. Mir ist, als wäre ich nie ausgestiegen, als wäre ich noch immer Teil dieser zerstörerischen Maschinerie. Fast vier Jahre sind seitdem vergangen, aber wenn ich im Gericht bin und mit den Anwälten spreche, wenn ich im Gefängnis bin, habe ich das Gefühl, dass ich noch immer dazugehöre.

Es ist okay, traurig zu sein, sagte meine Mutter. Natürlich ist Josés Schmerz nicht dein Schmerz, der Kummer seiner Familie nicht dein Kummer. Aber er ist dein Freund, also schmerzt es dich, dass er nicht da sein kann. Lass es zu. Aber José ist kein Einzelfall, erwiderte ich. Es gibt Tausende wie ihn, Tausende Fälle, Tausende Familien, genauer gesagt Millionen. Wenn ich daran denke, wird mir schlecht. Ja, sagte meine Mutter, aber für seine Familie und für dich ist José etwas Besonderes. Sicher gibt es Millionen, die in einer ähnlichen Lage sind, aber seinetwegen ist ihre Lage für dich nicht mehr abstrakt. Du weißt genau, was es heißt, jemanden zurückzuschicken. Du weißt, warum er nicht da ist, warum er nicht bei seiner Familie ist. Das alles ist dir vertraut, es ist Teil von dir geworden.

Weißt du, sagte meine Mutter, mein allererster Job war im Desert Museum in Tucson. Ich war ein Teenager, ich wollte mit den Tieren zu tun haben, das war mein größter Wunsch. Es gab dort einen Mann, Merritt Keasey, der mich unter seine Fittiche nahm. Ich durfte ihn auf seinen Rundgängen begleiten, er hat mir alle Tiere gezeigt, ich durfte sie füttern und die Käfige reinigen. Ich habe ihm beim Füttern der Schlangen zugesehen. Er hat kleine Erdhörnchen genommen, sie bei den Hinterbeinen gepackt und so lange auf die Tischplatte gedroschen, bis sie tot waren, und dann hat er die noch warmen, leblosen Tiere sofort den Schlangen vorgeworfen. Eines Tages wollte ich eines der Erdhörnchen retten, ich habe es in meiner Tasche versteckt und tagelang zu Hause gepflegt, bis ich schließlich merkte, dass es verendete und dass ich für seinen Tod verantwortlich war. Als sich das Tier kaum noch bewegen konnte, nahm ich es an den Hinterbeinen und wollte genauso Schluss machen, wie ich es bei Merritt Keasey gesehen hatte. Ich schlug es auf einen Tisch und warf es auf die Erde. Als ich irgendwann den Mut aufbrachte, mir das Tier genauer anzusehen, erkannte ich, dass es noch lebte, ein Auge war hervorgetreten. Ich geriet in Panik, nahm das Tier bei den Beinen und schlug es unter Tränen immer wieder auf die Erde, bis ich wusste, dass es nicht mehr lebte.

Ich trage das heute noch in mir, sagte sie und seufzte. Das werde ich nie vergessen. Was ich damit sagen will: Wir lernen Gewalt von anderen, wir sehen, dass sie in der Gesellschaft verankert ist. Und ohne dass es uns bewusst ist, wird sie zu etwas Normalem für uns, sie wird sogar ein Teil von uns.

Vielleicht willst du diesen Anteil loswerden, dich davon befreien, aber das ist nicht so leicht. Fast vier Jahre warst du beim Grenzschutz, du hast nicht nur beobachtet, wie es dort konkret zugeht, du hast aktiv mitgemacht. Man kann nicht Teil eines Systems sein, ohne dass man früher oder später mitmacht und das Gift in sich aufnimmt. Das verschwindet nicht einfach mit der Zeit. Das gehört zu dir, zu deiner Geschichte. Im Grunde kannst du nur versuchen, einen Ort in dir zu finden, wo du diese prägende Erfahrung hinpacken kannst, damit es nicht ganz umsonst war.

Ich schaute auf meine Hände, mein Gesicht war ganz heiß.

Ich dachte an die schrecklichen Träume, von denen ich meiner Mutter nie erzählt hatte. Ich habe geträumt, sagte ich, dass José wieder da war. Er kam zur Arbeit. Er war dünn geworden, er sah müde und erschöpft aus. Er war tagelang in der Wüste gewesen, eine Woche oder noch länger, er sah noch immer verloren aus. Es schien, als wollte er mir etwas erzählen, aber ich weiß nicht was. In vielen Kulturen, sagte meine Mutter, gibt es die Vorstellung, dass unsere Seele nachts auf Wanderschaft geht. Sie verlässt den Körper und besucht Menschen, die uns wichtig sind. Vielleicht ist José gekommen, um dich zu besuchen. Oder vielleicht musst du ihn besuchen und ihm zuhören.

Mira, aquí la ley viene de los narcos. Man sieht sie auf den Straßen patrouillieren. Ich habe selbst gesehen, wie sie in Konvois durch die Stadtviertel fahren, maskiert und bewaffnet stehen sie hinten auf ihren Pick-ups. Die Leute hier wissen, wer die Bosse sind, sie kennen sie vom Sehen. Wenn du auf der Straße redest, wenn du etwas Kritisches über die Narcos sagst, wird man dich hören. Jeder könnte dich melden, du weißt nie, wer für diese Leute arbeitet. Niemand hat etwas gesehen, wenn jemand getötet oder entführt wird. Niemand zeigt diese Leute an. Hier kennt man sich, jeder kennt irgendjemanden in der Branche, verstehst du?

Die Narcos wissen, wenn ein neues Gesicht im Viertel auftaucht, sie finden sofort heraus, wer es ist. Sie haben Angst, dass andere Kartelle sich breitmachen. Zum Beispiel, als du angerufen und gesagt hast, du willst mich besuchen, bin ich zu Ignacio gegangen, dem Pfandleiher ein paar Häuser weiter. Ich habe ihm erzählt, dass ein alter Arbeitskollege mich besuchen kommt, er will wissen, wie es mir geht, was ich so mache. Ich habe das ganz beiläufig erzählt, als wäre das nichts Besonderes. Aber der wahre Grund ist: Ignacio kennt Leute. Wenn also jemand fragt, wer war da heute Vormittag mit José unterwegs, wer hat ihn besucht?, kann er ihnen sagen: Ach, das war ein Arbeitskollege von José, nichts Besonderes, keine Sorge.

Ich sehe das alles und denke an meine Jungs. Nachdem ich immer wieder versucht hatte, über die Grenze zu kommen, habe ich mir schließlich überlegt, ob wir nicht in Mexiko leben könnten, bis Lupe und ich unsere Papiere zusammenhaben. Ich habe sogar den Kindern davon erzählt, am Telefon. Wir wollen nicht in Mexiko leben, haben sie gesagt. Wir kennen dort niemanden. Uns gefällt es hier, wir gehen hier gern auf die

Schule. Sie gaben damit an, wie gut sie sind. Mein Jüngster berichtete von seinem letzten Zeugnis. Dad, hat er gesagt, ich habe lauter Einser bekommen, nur eine Zwei. Du sollst doch stolz auf mich sein.

Da wurde mir klar, dass ich als guter Vater meine Kinder unmöglich nach Mexiko holen kann. Ich denke oft über das Leben hier nach. Gewalt ist für Kinder etwas Normales. Jeden Tag komme ich an einer Schule vorbei, die Kinder dort spielen Gangster. *Te voy a matar*, rufen sie, *soy pistolero, soy narco*. Das ist die Mentalität, der meine Söhne begegnen würden. Ich will nicht, dass sie in solchen Verhältnissen aufwachsen.

Hier kann es ganz schnell in die falsche Richtung gehen. Die Kinder kriegen mit, dass man auch ohne Schulabschluss Erfolg haben kann, gutes Geld verdienen kann, also gehen sie schon in sehr jungem Alter zu den Narcos.

Mexiko könnte ein so schönes Land sein, reich und voller Chancen. Es gibt fähige Leute hier, aber sie bekommen keine Bildung, sie werden nicht anerkannt, und am Ende landen sie bei der Mafia. So entsteht ein Kreislauf. Wie kann ein Staat, der von der Mafia kontrolliert wird, sich um die Menschen kümmern? Und wie kann die Mafia die Gesellschaft voranbringen, wenn ihre Anführer völlig ungebildet sind? Du hast bestimmt von den dreiundvierzig verschwundenen Studenten gehört. Sie haben an einer ländlichen pädagogischen Hochschule studiert. Seit über einem Jahr sind sie verschwunden, und noch immer weiß niemand, was mit ihnen passiert ist. Wahrscheinlich wurden sie von Narcos ermordet. Man hat sie als Unruhestifter diffamiert, weil sie politisch aktiv waren, weil sie demonstriert haben, weil sie für bessere Lebensverhältnisse gekämpft haben. Aber die Regierung ist in den Händen der

Kartelle, sie hat sich nicht um die jungen Leute gekümmert, hat sie nicht beschützt.

Diese Studenten hätten später als Lehrer gearbeitet, sie hätten Professoren werden können, wären vielleicht sogar Präsident geworden. Aber in Mexiko zählt Bildung nichts. Wenn unserer Regierung diese jungen Leute wichtig gewesen wären, hätte sie eine Untersuchung angeordnet, man hätte das Problem gefunden, man hätte etwas unternommen und dafür gesorgt, dass so etwas nie wieder passiert. Ein Staat muss sich um seine Bürger kümmern, er muss die Menschen beschützen. Aber in Mexiko gibt es keinen funktionierenden Staat. Ich werde meine Jungs ganz bestimmt nicht nach Mexiko holen.

In den USA ist der Staat immerhin besser organisiert, die Gesetze werden beachtet, es gibt nicht so viel Korruption. Es gibt Schulen, niemand muss verhungern, die Menschen sterben nicht namenlos und ohne Untersuchung der Todesursache. Deswegen habe ich meinen Jungen immer gesagt, dass sie den Staat respektieren, dass sie dankbar sein sollen, selbst gegenüber der Polizei. Ich habe viele Jahre in einem Chipotle gearbeitet. Angefangen habe ich ganz unten, ich habe Bestellungen angenommen, Tische abgeräumt, den Fußboden gewischt. Regelmäßig waren Polizisten unter den Gästen, sie haben bestellt, ich habe freundlich Guten Tag gesagt. Irgendwann kannten sie mich, sie haben sich sogar meinen Namen gemerkt. Schließlich habe ich mich zum Küchenchef hochgearbeitet. Alle fanden, dass ich der beste Koch war, dass ich für zwei arbeiten konnte. Die Polizisten haben mich bei der Arbeit in der Küche gesehen und mir zugerufen, Hey, José, wie geht's? Einmal bin ich an meinem freien Tag ins Restaurant gekommen, um meinen Lohn abzuholen. Ich hatte die Jungs dabei, wir kamen herein, an einem Tisch saßen lauter Polizisten. Sie standen auf und gaben mir die Hand. José, schön, dich zu sehen, sagten sie, sind das deine Jungs? Sie haben sogar die Jungs begrüßt. Die konnten das nicht glauben. Als wir wieder draußen waren, wollte Diego wissen, warum die Polizisten mich kennen. Wir gehen freundlich und respektvoll miteinander um, sagte ich. Das ist die ganze Erklärung.

Neulich habe ich mit Diego telefoniert. Er erzählte, dass er in eine andere Schule will, er hat sich über seine Lehrerin beschwert, er sagt, sie verhält sich rassistisch ihm gegenüber, weil er Mexikaner ist. Ich habe ihm gesagt, er soll tun, was die Lehrerin sagt. Wenn du findest, dass sie eine Rassistin ist, dann rede mit deiner Mutter, rede mit der Lehrerin. Du kannst nicht weglaufen, nur weil du glaubst, jemand ist gegen dich, und weil du dich nicht traust, den Betreffenden zur Rede zu stellen. Ich versuche, meinen Jungs beizubringen, dass sie sich nicht in Kämpfen verzetteln sollen, sie sollen dem Laster aus dem Weg gehen, hart arbeiten und etwas aus sich machen, nur so werden sie es im Leben zu etwas bringen.

Als Lupe und ich heirateten, hat der Pfarrer davon gesprochen, dass es wichtig ist, eine Familie zu gründen, und dass die Eltern für ihre Kinder da sein sollen. *Es de mucho valor una familia unida.* Familien sollten zusammenbleiben. Wenn ich in Mexiko bleiben muss und meine Frau die Jungen allein großzieht, wird nur einer für sie da sein und sich um sie kümmern, und am Ende wird die Familie langsam zerbrechen. Wer Kinder hat, muss für sie da sein. In dem Gefängnis, wo du mich mit den Jungen besucht hast, waren viele Männer, die nach Mexiko zurückgegangen sind, weil ein Familienangehöriger im Sterben lag. Diese Männer haben auf beiden Seiten der Grenze Verwandte. Ich habe erlebt, dass Menschen, die von ihren Angehörigen getrennt werden, oft in Depression versinken oder sonst wie krank werden. Ein Mithäftling, der in einer ähnlichen Situation wie ich war, erzählte, dass seine Frau während seiner Abwesenheit in einer solchen Depression versank, dass sie einen Zusammenbruch hatte und ins Krankenhaus gebracht werden musste.

Manche Politiker in den USA glauben, wenn eine Mutter oder ein Vater nach Mexiko deportiert wird, dass dann die ganze Familie ebenfalls nach Mexiko geht. Tatsächlich ist es so, dass verantwortungsbewusste Eltern Wert darauf legen, dass ihre Angehörigen in den Staaten bleiben, sie werden immer wieder die Grenze überqueren, um bei ihnen zu sein. Leute, die an ihrer Familie hängen, werden immer wieder deportiert, sie haben zunehmend Probleme mit den Behörden, und es wird immer schwerer für sie, einen legalen Status zu erhalten. Menschen, die mustergültige Staatsbürger sein könnten, werden auf diese Weise zu Verbrechern gemacht.

Ich schulde den Vereinigten Staaten sehr viel. Das Land hat mir viel gegeben. Meine Mutter hat ihr Haus in Oaxaca mit dem Geld gebaut, das ich in den Staaten verdient habe. Ich hatte es gut, ich will also keine Schwierigkeiten mit den Behörden. Ich möchte mich legal in den USA aufhalten können, ich möchte mir einen Anwalt nehmen, ich möchte amerikanischer Staatsbürger werden.

Ehrlich gesagt, bin ich den Vereinigten Staaten nach wie vor dankbar. Dass ich beim Überqueren der Grenze verhaftet werde, gehört zum System. Das ist mir bekannt. Ich weiß, dass ich illegal über die Grenze komme. Aber es ist kompliziert, verstehst du. Ich weiß, dass ich gegen das Gesetz verstoße, aber es muss sein, denn ich will zu meiner Familie. Ich will dem Land keinen Schaden zufügen, aber ich muss gegen das Gesetz verstoßen. Es geht nicht anders. Für mich ist das eine Notwendigkeit. Das hat mit Liebe zu tun. Wer es hinnimmt, dass er von seiner Familie getrennt wird, weiß nicht, was Liebe ist. Seine Kinder wachsen ohne Liebe auf. Ich könnte das nie akzeptieren.

Ja, es gibt Gesetze. Ich weiß, sie müssen eingehalten werden, aber sie tun mir weh, sie treffen etwas in meinem Innersten. Meine Kinder sehnen sich nach mir, meine Frau sehnt sich nach mir, aber der Staat reißt uns auseinander. Ich empfinde keinen Hass, ich bin einfach nur traurig. Als du mich im Gefängnis besucht hast, an dem Tag, als ich meine Familie gesehen habe, das war, als hätte der Staat meine Familie zerstört, vor meinen Augen auseinandergerissen. Ich habe gespürt, welche Macht sie über uns hatten.

Ich hätte nicht weggehen dürfen, das stimmt. Ich hätte meine Familie nicht alleinlassen dürfen, aber ich musste meine Mutter sehen. Ich dachte, wenn meine Mutter im Sterben liegt und ich die Möglichkeit habe, bei ihr zu sein, dann muss ich mich auf den Weg machen. Ich hatte keine andere Wahl, es ging nicht anders. Und deswegen bin ich jetzt hier, weil ich meine Mutter so sehr geliebt habe. Jetzt sitze ich in diesem Zimmer und sehe die Hügel dort drüben. Diese Hügel, das sind die Vereinigten Staaten. Früher konnte ich dort hinauflaufen, und schon war ich auf der anderen Seite. Jetzt ist dort eine Grenze. Ich hasse es. Ich hasse es. Es ist so barbarisch.

Das Überqueren der Grenze ist gefährlicher denn je. Ich habe es viermal in sechs Monaten probiert, und noch immer komme ich nicht rüber. Jedes Mal verliert man etwas. Und jedes Mal kostet es natürlich Geld. Menschen in meiner Situation, die es immer wieder probieren, wissen bald nicht mehr weiter. Sie suchen nach einfacheren, billigeren Wegen. Aus reiner Verzweiflung habe ich sogar überlegt, mich als Muli anzubieten. Dann ist es billiger. Man bekommt ein Paket Marihuana, das man auf dem Rücken trägt, und bezahlt nur die Hälfte des Preises, den man normalerweise bezahlt. Man geht mit anderen Mulis los, der Schlepper wird die ganze Zeit von Scouts dirigiert, die das Gelände beobachten, sodass die Gefahr, erwischt zu werden, nicht so groß ist. Wenn man es schafft und am Zielort das Drogenpaket abliefert, geben sie einem Geld. Man bekommt das Geld zurück, das man ihnen gegeben hat, manchmal verdient man sogar etwas. Aber natürlich ist es riskant. Wenn man von den Grenzern erwischt wird, bekommt man einen Eintrag als Drogenkurier, da hat man nie eine Chance, einen legalen Status zu bekommen. Auch das Kartell hat man dann zum Gegner, weil die Lieferung futsch ist. Man wird ein Opfer beider Systeme.

Ich will keine Drogenpakete durch die Wüste transportieren, ich will nicht noch mehr Schwierigkeiten, aber manchmal hat man keine andere Wahl. Die Leute, die den Drogenschmuggel kontrollieren, kontrollieren auch den Menschenschmuggel, also muss man, wenn man über die Grenze will, mitunter ein Paket befördern. Ich habe sogar von Fällen gehört, wo Leute, die sich geweigert haben, umgebracht wurden. Im Gefängnis hat mir jemand von Massengräbern in der Wüste erzählt, die Leute sind genau deswegen umgebracht worden.

Ich habe im Gefängnis noch einen anderen Mann kennengelernt, er stammte aus Michoacán und war in einer Gruppe von fünfundachtzig Leuten über die Grenze gekommen. Jedes Mal, wenn die Gruppe Rast machte, zählte er, wie viele noch da waren, und jedes Mal waren es weniger. Auch eine Frau war dabei, die mit ihrer fünfjährigen Tochter über die Grenze wollte. Das Mädchen war erschöpft, sie wollte trinken, aber es gab nirgendwo Wasser. Der Mann bot an, er könne die Kleine auf den Schultern tragen, was die Mutter dankbar annahm. Nach einer Weile fiel ihm auf, dass die Kleine sich nicht mehr rührte und auch nichts sagte. Er nahm sie von der Schulter und sah, dass sie tot war. Die Mutter war außer sich, sie schrie. Die Schlepper erklärten, dass die Gruppe weitergehen müsse, dass sie das tote Mädchen an Ort und Stelle zurücklassen müssten. Der Mann diskutierte mit ihnen. Ich werde sie tragen, sagte er. Vier, fünf Kilometer weiter starb auch die Mutter. Der Mann redete auf die Schlepper ein. Wir müssen sie hier begraben, wir müssen jemanden informieren, dass sie hier liegen. Nein, antworteten sie, wir müssen weiter. Du kommst mit uns, oder du bleibst zurück, du hast die Wahl. Der Mann schrie und weinte. Ihr seid Verbrecher, rief er. Er machte sich ein genaues Bild von dem Ort, wo sie die beiden Toten zurückgelassen hatten, prägte sich alles gut ein.

Irgendwann erreichten sie die Straße, wo sie von Pick-ups und Lastwagen aufgelesen wurden. Der Pick-up, auf dem der Mann aus Michoacán saß, wurde von der Polizei verfolgt. Zwei Migranten fielen während der Verfolgungsjagd von der Ladefläche, erzählte er, er hat nie wieder von ihnen gehört. Der Fahrer konnte entkommen, er brachte die Migranten zu einem Schattenhaus, wo sie als Geiseln gefangen gehalten wurden. Einige wurden gefoltert oder getötet. Irgendwann nahmen die Männer den Kampf gegen die Schmuggler auf, einer zertrümmerte ein Fenster und konnte fliehen. Die Polizei fand ihn. Er berichtete von dem Schattenhaus, und bald rückten Grenzpolizisten an, die eine Razzia in dem Haus machten, die Schlepper wurden verhaftet und die Migranten auf die nächste Wache gebracht, um von dort aus deportiert zu werden. Der Mann aus Michoacán berichtete den Polizisten von dem kleinen Mädchen und seiner Mutter, er wisse, wo sie zu finden seien. Die Polizisten flogen mit ihm in einem Hubschrauber in die Wüste, und ob du's glaubst oder nicht, sie fanden den Ort. Sie entdeckten die bereits verwesende Leiche der Mutter. Tiere hatten sich über die Leiche hergemacht. Auch das tote kleine Mädchen lag da, ihr fehlte ein Bein. Selbst die Polizisten sollen bei diesem Anblick geweint haben. Der Mann aus Michoacán war eine gute Seele, ein Familienmensch wie ich, aber er hat gesagt, wenn er einem dieser Typen jemals über den Weg laufen sollte, würde er ihn umbringen.

Du siehst, bei jedem Versuch, über die Grenze zu kommen, riskiere ich mein Leben. Im mexikanischen Konsulat hängen die Fotos der Vermissten. Jedem von uns kann das passieren. Wir wissen, dass in der Wüste und in den Bergen Gefahren lauern. Die Mafia, die Grenzpolizisten. Berglöwen, Schlangen. Felswände und tiefe Canyons. Mir ist das egal. Ich muss auf die andere Seite. Manchmal träume ich sogar, dass ich schon dort bin. Ich träume, dass ich bei meiner Familie bin, es ist früh am Morgen, und ich muss zur Arbeit. Dann wache ich auf und bin hier.

Wenn die Richter in den Vereinigten Staaten wissen, wie die Realität aussieht, dann wissen sie, dass sie Menschen in den Tod schicken. Sie bringen sie dazu, sich das Leben zu nehmen. Ich werde alles tun, um auf die andere Seite zu kommen.

Ehrlich gesagt, ich wäre lieber in einem US-Gefängnis und könnte einmal in der Woche die Jungen sehen, durch die Glasscheibe, als von meiner Familie getrennt zu sein. Zumindest wäre ich ihnen näher. Du siehst also, nichts kann mich davon abhalten, die Grenze zu überqueren. Meine Kinder sind keine Straßenhunde ohne Zuhause. Ich werde durch die Wüste laufen, fünf Tage, acht Tage, zehn Tage, so lange, bis ich bei ihnen bin. Ich werde mich von Gras, Blättern, Kakteen ernähren. Ich werde schmutziges Wasser trinken oder überhaupt nichts trinken. Ich werde weglaufen und mich vor der Grenzpolizei verstecken. Ich werde den Schleppern Geld geben. Sie können mein Geld nehmen, sie können meine Familie ausrauben, sie können mich ins Gefängnis stecken, aber ich werde immer wieder versuchen, über die Grenze zu kommen, bis ich endlich bei meiner Familie bin. *No, no me quedo aquí. Voy a seguir intentando pasar.*

EPILOG

Es war ein heißer texanischer Abend am äußersten Rand des Big Bend National Park, als ich einen Mann über den Rio Grande reiten sah. Er erreichte das heuschreckenverseuchte Ufer und kam die kleine Anhöhe herauf, von wo ich einen weiten Blick über das Tal hatte.

Buenas tardes, begrüßte ich ihn. Sie sprechen gut Spanisch, sagte der Mann, sind Sie ein Grenzpolizist? Nein, antwortete ich. Ein Ranger? Nein, versicherte ich ihm, nur ein einfacher Tourist.

Ich fragte den Mann, ob er in dem Dorf auf der anderen Seite des Flusses wohne. Natürlich, sagte er stolz. Auf meine Frage, was er beruflich mache, wies er mit einer Kopfbewegung auf die Souvenirs und kunsthandwerklichen Gegenstände, die dort drüben unbewacht auf den Felsen lagen. *No hay trabajo,* sagte er, wir leben von den Touristen.

Ich fragte, ob viele Amerikaner kämen. Ja, sagte er, in Boquillas ist es sicher. Die Narcos behelligen uns nicht, selbst die Ranger und die Grenzer lassen uns in Ruhe. Nach einer Weile erzählte er, dass es in seinem Dorf ein nettes Restaurant gebe. Kann man da auch frühstücken?, fragte ich. Klar, sagte er. Ich werde Sie morgen früh hier erwarten.

Dann ritt er wieder zurück. Die zerklüftete Sierra del Carmen, die durch Verlagerungen urzeitlicher Meere und endlose tektonische Verschiebungen entstanden war, glühte rosafarben im letzten Tageslicht.

Am nächsten Morgen, als im Osten eine blasse Sonne aufging, wartete mein Führer schon am Flussufer. Ich saß hinter ihm auf, und dann ritten wir hinüber nach Mexiko, als wäre es das Natürlichste der Welt. Wir sprachen kaum ein Wort. Ich hielt mich am Sattel fest, wurde durchgerüttelt von dem dahintrottenden Pferd. Als wir an den ersten Häusern von Boquillas vorbeikamen, dachte ich darüber nach, dass mein Wohlergehen von diesem Fremden abhing, der mich durch die stillen Straßen seines Dorfes führte.

Ich frühstückte allein in einem schattigen Innenhof, sah den vorüberrumpelnden Fuhrwerken zu, den erschöpft aussehenden Pferden. Das Dorf erwachte allmählich zum Leben. Nach dem Frühstück ritten wir zurück zur Grenze. Ich erkundigte mich bei meinem Führer nach den Verhältnissen in der Gegend, ob es viel Gewalt gebe. Er schüttelte den Kopf. Hier in Boquillas haben wir keine Kriminalität. Wer hier Ärger macht, würde es nicht einmal bis zum Ortsausgang schaffen. Wir sorgen selbst für Ordnung. Wir passen auf, wir kümmern uns.

Wir näherten uns der Grenze. Ich fragte meinen Guide, ob es hier Kameras oder Sensoren gebe. Nein, sagte er. *Está tranquilo*. Ich suchte die Kammlinie oberhalb des Ufers ab, erwartete fast, das Donnern eines Fahrzeugs zu hören oder die Rufe schemenhafter Männer, aber da war nur das leise Geräusch des sich träge dahinschlängelnden Flusses, der durch tiefe Canyons und breite Talsenken, vorbei an bewässerten Feldern und ausgedehnten Überschwemmungsebenen, dem weiten, schimmernden Ozean entgegenstrebte.

Etwas später machte ich mich auf den Weg zum Boquillas Canyon. Dort, wo der Pfad begann, waren diverse Warnhinweise zu lesen. Nehmen Sie ausreichend Trinkwasser mit. Seien Sie auf der Hut vor Schlangen. Kaufen Sie keine Souvenirs von fliegenden Händlern an der Grenze. Überqueren Sie nicht den Rio Grande. Sorgen Sie dafür, dass andere Personen stets über Ihr Ziel und den voraussichtlichen Zeitpunkt Ihrer Rückkehr informiert sind.

An einer Stelle, wo eine senkrechte Kalksteinwand direkt auf das Ufer traf, endete der Pfad. Ich zog mein Hemd aus und stieg in den sanft dahinfließenden, eisig kalten Rio Grande. Die Canyonwände über mir brummten wie ein Generator, zwei Falken zogen in der sonnenwarmen Luft ihre Kreise. Ich tauchte den Arm in das Wasser, in den schlammigen Grund. Hellbraun floss der Rio Grande dahin, sich bewegende Erde, die mich umfing wie unzählige Hände, wie eine endlose Berührung.

Ich schwamm auf eine Biegung zu, der Fluss wurde immer flacher. An einer sonnenbeschienenen Stelle standen zwei Knochenhechte im trüben Wasser, Relikte aus dem Paläozoikum. Ich lief am Ufer entlang, bald hier, bald drüben, wechselte, wenn es nicht weiterging, immer wieder die Seite, bis ich schließlich für einen kurzen Moment nicht mehr wusste, auf welcher Seite der Grenze ich stand. Die flirrende, atmende Landschaft um mich herum war eins.

DANK

Mein Dank geht an:

Alison Deming, Luis Urrea, Adela Licona, Ander Monson, Fenton Johnson, Chris Cokinos, Manuel Muñoz, Susan Briante, Farid Matuk, Bob Houston, Gary Paul Nabhan, Terry Wimmer, Marcel Oomen, Linda Pietersen, Floris Vermeulen und alle anderen Dozenten für Kreatives Schreiben an der University of Arizona;

Page Buono, Joseph Bradbury, Jan Bindas-Tenny, Taneum Brambrick und all die anderen, die mit mir von 2014 bis 2017 an der University of Arizona Kreatives Schreiben studiert haben;

Rebecca Gradinger, Becky Saletan, Jynne Dilling, Glory Plata, Katie Freeman, Stuart Williams, Joe Pickering und die Mitarbeiter von Fletcher & Company, The Bodley Head und Riverside Books, die das Manuskript bis zur Drucklegung begleitet haben;

Michael Collier, Rick Bass, David Shields, Wendy Walters, Antonío Ruiz-Camacho, John Vaillant, Brian Blanchfield, Valeria Luiselli, Beowulf Sheehan, Molly Molloy, Pedro Serrano und Katherine Silver für kollegiale Ermutigung;

Matt Weiland, Geoff Shandler, Jim Rutman, Fiona Mc-

Crae, Steve Woodward, Stephen Morrison, Ben George, Ed Winstead, Ladette Randolph, Robert Atwan, Jonathan Franzen, Scott Gast, H. Emerson Blake, Jennifer Sahn, Josalyn Knapic, Megan Kimble, Adam Berlin und Jeffrey Heiman für Orientierungshilfe in der Verlagslandschaft;

die Whiting Foundation, das Katharine Bakeless Nason Endowment, das Fulbright Program, das Banff Center, das Agnese Nelms Haury Program in Environment and Social Justice der University of Arizona, das University of Arizona Poetry Center, das Institute for the Environment der University of Arizona, das Institute for Migration and Ethnic Studies der Universität Amsterdam und das Migration Policy Institute in Washington für finanzielle Unterstützung und großzügig bereitgestellte Arbeitsmöglichkeiten;

Amy Oliver, Marie Piñeiro, Jack Childs, Daniel Hernández, Todd Eisenstadt, Stephen Randall, Gordon Appleby, Robert Pastor, Margie McHugh, Demetrios Papademetriou und Deborah Meyers, die mein Interesse an Migration und Grenzen gefördert haben;

Eric Brunnemann und Elizabeth Jackson vom Guadalupe Mountains National Park;

Jen Hofer und John Pluecker für übersetzerische Hilfe;

Dr. Stephen Joseph, der mir mit seinem psychologischen Sachverstand ein wertvoller Ratgeber war;

Bill Broyles und Keith Marroquin für ihre unübertroffene Ortskenntnis;

Sarah Steinberg, Scott Buchanan, Daisy Pitkins, Michael Versteeg, Kyle Farley, Addison Matthew, Patrick Callaway, Spenser Jordan Palmer, Kris Karlsson, Dewey Nelson, Daniel Troup, Ryan Olinger, Harry Manny, Erik und Dan Schmahl,

Holly Hall, Alyson Head, Ryne Warner, Tracy Rose Guajardo, Jacqueline Brackeen, Matthew Thomas, Matthew Chovanec, John Washington, Julian Etienne, Karina Hernández, Stephan Oliver, Yolanda Morales, Citlaly Nava, Carlos Villegas, Victor Hugo Hernández Rodríguez, Aengus Anderson, Blanca Balderas und Víctor Hugo Medina, Marike Splint, die Familie von Jesus und Carmen Lopez, Byron Cocilovo und alle anderen Freunde, auf die ich mich immer verlassen konnte;

Kirsten Boele und die Familie Boele, die mich in ihr Leben aufgenommen haben;

Ron Simmons für seine Großzügigkeit und Gastfreundschaft;

Grace, Daven, Renn Taslie, Beverly und Laf Young, Trevor Woolf, Susan Bratton und die Carrs, mit denen mich so viel verbindet;

meine drei Väter Charles Simmons, Jack Utter und Al Carr;

Karima Walker für Freundschaft, Aufmerksamkeit und Inspiration.